안 영 네 번째 수필집

초록빛 축복

안 영 네 번째 수필집

초록빛 축복

2010년 4월 12일 1판 1쇄 발행
2010년 5월 20일 1판 2쇄 발행

글 | 안 영

펴낸이 | 백인순
펴낸곳 | 위즈앤비즈

주소 | 경기도 김포시 고촌읍 신곡리 475-1
전화 | 031-985-5677
출판등록 | 2005년 4월 12일 제 313-2005-000070호

ISBN 978-89-92825-47-4   03040
값 10,000원

안 영 네 번째 수필집

초록빛 축복

위즈앤비즈
Wisdom & Vision

신령한 축복마저 감도는 글

좋은 수필이 되려면 아름다운 언어와 맛깔스런 문장으로 빛나는 글이 아니라, 시선과 마음의 흐름을 수채화처럼 담고 있는 글이어야 한다고 생각합니다.

저는 안 영 선생님의 글을 이런 의미에서 '참 좋은' 수필로 꼽습니다.

저는 안 영 선생님의 글을 읽을 때마다 가꾸지 않은 자연(自然)의 경치를 관조하고 있는 양 착각에 빠집니다. 책갈피에서는 싱그럽고 감미로운 바람이 불어오고, 문장들의 고랑에 이따금 비춰지는 햇살은 웅크렸던 마음을 따스하게 녹여주고, 청량함으로 톡톡 튀는 단어들은 꼭 투명한 계곡수에 굴절된 산천어 같습니다.

글 솜씨의 수려함 때문이 아니라 본래 마음결이 그래서일 것입니다.

이번 글에서는 치열하게 여생을 기획하는 구도심이 이곳저곳에서 향취를 풍겨 읽는 재미가 더욱 쏠쏠해졌습니다. 게다가 이순(耳順)을 훌쩍 넘긴 온유의 영성까지 물씬 배어 있어, 읽는 재미에 더해 삶의 지혜를 덤으로 얻는 횡재를 만난 느낌이었습니다.

안 영 선생님의 신앙은 꼭 선생님의 성격을 닮아 오롯합니다. 그러기에 이번 글 속에는 하늘에서 내려주신 신령한 축복마저 감돌고 있는 것입니다.

축하보다도 감사를 드리고 싶습니다.

고촌 천등 성지에서
차동엽 신부

초록빛 축복에 감사 드리며

　문학과 종교라는 두 기둥을 붙들고 청년기 장년기를 열심히 달려온 지 마흔여섯 해!

　에누리 없는 노년기에 접어들고 보니 제 삶의 저울추가 문학보다 종교 쪽으로 더 기울고 있습니다. 종심(從心)의 나이에 든 지금, 그 어느 때보다 하느님 중심으로 살고 있으니 매일의 삶이 초록빛 축복인 듯합니다.

　어떤 처지에서도 감사하며 기쁘게, 그리고 작은 것도 나누며 모든 사람과 평화롭게 살려고 노력했더니 소망대로 이루어졌습니다. 제 힘이라기보다 성령의 도우심이라 믿고 감사 드립니다.

　제가 누리는 평온은 오래전부터 자주 드리고 있는 두 기도문 덕분이라 생각하며 다시 한 번 읊조려 봅니다.

　주님, 저는 당신께 두 가지를 간청합니다.
　허위와 거짓말을 제게서 멀리하여 주십시오.
　저를 가난하게도 부유하게도 하지 마시고
　먹을 만큼의 양식만 허락해 주십시오.

「잠언」 아구르의 기도 참조

주님, 제 마음은 오만하지 않고
제 눈은 높은 데를 보지 않습니다.
저는 거창한 일을 좇지 아니하고
주제넘게 놀라운 일을 꿈꾸지도 않습니다.
오히려 저는 제 영혼 차분히 가라앉혀
어미 품에 안긴 젖 뗀 아기, 젖 뗀 아기 같습니다.

「시편」 다윗의 노래 참조

이 책을 만드는 데 도움 주신 여러분, 그리고 이 책을 읽는 모든
분들께도 초록빛 축복이 쏟아져 내리기를 기도 드립니다.

2010년 4월
부활절을 맞아 안 영 실비아

차 례

참으로 고마운 분들 **1**

참으로 고마운 분들

초록빛 미사

온 산야에 푸르름이 남실대는 초여름.

느티나무 가로수 길이 하도 좋아 30분 거리를 걸어서 성당에 갔습니다. 미사 시간 10분 전에 도착했건만 이상하게 사람들이 붐볐습니다. 대개 앞자리는 비어 있기 마련이라 앞으로 다가갔더니 거긴 어린이들이 줄줄이 앉아 있었습니다.

아하, 오늘은 어린이들의 첫영성체가 있는 날이구나. 하얀 옷에 화환까지 쓰고 예쁘게 앉아 있는 여자 어린이들. 그리고 하얀 와이셔츠에 나비넥타이를 매고 의젓이 앉아 있는 남자 어린이들. 천사가 따로 없었습니다. 그들이 앞자리 대여섯 줄은 다 차지했고, 가족까지 합세했으니 좌석이 모자랄 밖에요. 저는 할 수 없이 뒤로 물러나 2층으로 올라가 용케 한 자리를 뚫어 앉았습니다.

최근 새벽미사에 참례하러 다니다가 어린이들이 가득 와 있어 궁금했지요. 알고 보니 한 달 동안 새벽미사 참례로 첫영성체 준비를 한다는 것이었습니다. 바로 오늘을 위하여 아이들도 아이들이지만 부모 또한 얼마나 수고가 많았을까요.

지지배배. 아이들은 계속 떠들었습니다. 마침내 입당성가가 시작되고 신부님이 들어오셨습니다. 그래도 아이들은 소란소란. 놀랍게도 200여 명의 어린이가 첫영성체를 한다고 합니다. 그러니 아무리 목소리를 낮춘다 해도 쉽게 조용해질 리가 없지요.

신부님이 제단에 서시더니 부드러운 목소리로 어린이들에게 질문을 하십니다.

"여러분, 오늘 무슨 날이지요?"

"첫영성체 하는 날이요."

아이들 대답에 이어 이제 신부님은 대답할 틈도 안 주시고 자문자답을 하십니다.

"성체 모시는 날이지요? 성체는 어디서 만들어지나요? 미사를 통해서 만들어지지요? 미사에는 누가 오시나요? 예수님이 오시지요? 그럼 여러분 떠들고 장난해도 되겠어요? 우리 예수님 오시는데 조용히 기다려야겠지요?"

신부님의 목소리가 점점 작아지면서 어린이들의 떠드는 소리도 점점 잠잠해졌습니다.

예식이 시작되고, 잠시 후 성찬예절 때 신부님이 커다란 성체를 높이 들어올렸습니다. 그 순간, 다소 잠잠했던 아이들이 일제히 소리를 질렀습니다. "와…… 와……!"

예수님은 그렇게 크신 분으로 아이들 앞에 나타나셨고, 아이들은 우선 그 크기에 놀라 탄성을 질렀습니다. 큰 성체를 처음 보는 아이들은 입을 다물 줄을 모릅니다. 아무리 처음 본다 해도 어른들 같으면 감히 그런 소리를 어찌 지르겠습니까? 와…… 와…… 와…… 난리가 났습니다.

예수님께서 그러는 아이들을 무례하다고 나무라진 않으셨겠지요? 저 역시 그 천진함이 귀엽고 사랑스러워 자꾸 웃음이 나왔습니다. 이 좋은 날 영성체는 당연히 양형으로 이루어졌지요. 신부님은 어린이들 하나하나에게 정성껏 성혈에 적신 성체를 나누어 주셨습니다. 그들 또한 좀 전의 개구쟁이 모습은 온데간데없고, 경건한 모습으로 공손히 받아 모시고 들어옵니다. 기다리고 기다리던 주님을……

저는 갑자기 영세하던 때가 생각났습니다. 흰 치마, 흰 저고리, 흰 면사포 속에서 눈부시게 깨끗해진 영혼으로 성체를 모시며 얼마나 뜨겁게 울었던가. 6개월간 준비하며 기다려온 주님과의 만남이 하도 기뻐 감격의 눈물을 흘리고 또 흘리고……

이어서 우리 아이들의 첫영성체 장면도 떠올랐습니다. 그때도 딸아이들은 하얀 원피스에 화환을 썼고, 아들은 흰 와이셔츠에 나비넥타이를 매었습니다. 천사가 따로 없었지요. 그 시절 생각에 머무르고 있자니 갑자기 그 순수함이 너무나 그리워 눈물이 났습니다.

몇 십 년을 거슬러 행복에 젖어 있는데, 잠시 후 어린이들의 기도문 외우는 소리가 들렸습니다. 어찌나 또랑또랑 야무지게 소리를 내는지 큰 실내가 쩌렁쩌렁 울렸습니다. 밝고 힘차고 생기가 펄펄 넘치는 그 소리! 듣기만 해도 가슴이 벅차올랐습니다. 그런데 참 신기하지요? 그 소리에 겹쳐 갑자기 온 실내가 초록빛으로 변하는 걸 느꼈어요. 하늘에서 보송보송 쏟아져 내려오는 초록빛 축복! 신부님의 초록빛 제의가 그 언제보다 빛나고 아름답게 보였습니다.

순간, 저는 간절히 기도드렸습니다.

주님, 저 풋풋한 어린이들은 우리 교회의 희망입니다. 하느님 나라 건설의 꿈나무입니다. 지금 저 순수함으로 바르게 자랄 수 있도록 지켜 주세요. 그리고 저들을 준비시키느라 한 달 동안이나 수고한 가족들에게도 초록빛 축복 듬뿍 주세요.

온 산야에 푸르름이 남실대는 초여름, 꿈나무들과 함께 한 첫영성체 미사. 그들의 재잘거림조차도 천사들의 합창 소리가 되어 온 실내를 기쁨과 희망으로 가득 채운 초록빛 미사!

저는 문득 1964년 영세하던 당시를 떠올리며 그 때의 순수, 주님을 향한 지고의 사랑을 다시 한 번 상기하고 행복했습니다.

2007년 6월

단 한 사람 그대 이름을 부르며

어느새 오월입니다.

어린이 여러분께, 어버이 여러분께, 스승님 여러분께 축하드립니다. 그리고 우리 고마우신 성모님께 감사와 찬미를 드립니다.

이 좋은 계절에 저는 여러분과 함께 '이름 부르기'에 대한 이야기를 나누고 싶습니다.

상대편의 이름을 불러 준다는 것. 그것은 어떤 의미를 내포하고 있을까요. '나는 당신을 알고 있습니다. 나는 당신과 친교를 나누고 싶습니다. 당신은 단순히 지구촌 60억 인구 중의 하나가 아니라, 특별하고 유일한 사람이고 나와 관계가 있는 사람입니다. 그래서 나는 당신에게 한발 가까이 다가가고 싶습니다' 하는 열린 마음의 표출이 아닐까요.

창세기에도 이름을 짓는 장면이 나옵니다. 하느님께서 아담이 혼자 있는 것이 좋지 않아 온갖 짐승과 새를 빚어 줍니다. 그리고 아담이 무엇이라 부르는가를 보시고, 그대로 그것들의 이름이 되게 하십니다. 이름이 생김으로써 오직 하나뿐인 유일성이 인정되는 것이겠지요.

저는 교직에 있을 때, 신학기를 맞아 새로운 얼굴 60여 명의 담임을 맡게 되면 맨 먼저 학생들의 이름부터 외웠습니다. 틈만 나면 생활기록부의 사진을 들여다보면서 이름과 연결시켰지요. 그리고 이름을 신속히 외우려고 아주 적극적인 방법을 썼습니다. 1교시 후 한 사람, 2교시 후 한 사람, 3교시 후 한 사람…… 매 시간이 끝날 때마다 쉬는 시간 10분을 이용해 번호대로 하나씩 불러 짧은 면담을 하는 것입니다. 보통 6교시로 운영이 되니까 하루에 6명씩을 만나게 됩니다. 그런 뒤, 기억을 좀 더 확실히 하기 위해 다음과 같이 복습을 했습니다.

종례 시간이 되면 그 날 만난 6명을 앞으로 불러 세워놓고, 혹여 실수할까 가슴 조이며 제가 먼저 하나하나 이름을 부릅니다. 그러고는 앉아 있는 학생들에게도 부르게 합니다. 일 년 동안 동고동락할 급우이니 우선 이름부터 외워야 한다며 아무나 지적해서 시켜보기도 합니다.

이튿날 아침 조회 때 다시 그 6명을 앞으로 불러 세웁니다. 차례대로 제가 먼저 이름을 부르고, 이어서 다같이 하나하나 이름을 불러 줍니다. 그러다 보니 저절로 학습이 되었고, 한 열흘 후면 60여 명 전원의 이름을 다 같이 외울 수가 있었습니다.

저는 수업 중 발표를 시킬 때도 꼭 이름을 불렀습니다. 복도에서 마주쳐도 이름을 불렀습니다. 제가 '아무개야' 하고 이름을 불러주면 아이들은 깜짝 놀라며 기뻐하곤 했습니다. 담임선생님이 하도 빨리 이름을 외워버려 나쁜 짓도 못하겠다고 농담들을 하면서요.

금년도 신학기가 시작된 학교에서, 신입사원이 들어온 회사에서, 지금쯤은 서로의 이름을 다 알고 불러주며 다정한 친교가 시작되었으리라 믿습니다.

저는 어버이날이 들어 있는 이 오월에 부르고 싶어지는 이름이 있습니다. 세상의 많은 어머니들의 이름입니다. 요즈음은 다행히 어머니들의 활동이 활발해져 제법 이름이 불리고 있습니다만 옛날엔 그저 누구네 어머니, 누구네 부인, 아니면 어떤 분의 사모님으로 통했었지요. 오죽하면 여자는 결혼과 동시에 이름이 없어진다고 했을까요.

제가 이 오월에 세상 어머니들의 이름을 불러 드리고 싶어진 것은 우리 사회에 '사랑 바이러스'를 퍼뜨려 놓고 선종하신 김수환 추기경님께 대한 추모의 정에서 비롯했습니다.

아, 서중하(徐仲夏) 마르티나 여사님!

부지런히 장사 배워 돈 벌고, 장가들어 보금자리 마련해서 굴뚝에 연기 피우며 이쁜 아내랑 알토란 같은 새끼들과 오순도순 살고 싶은 꿈을 가진 어린 소년. 그 막내아들을 거역할 수 없는 위엄으로 형과 함께 신학교에 입학시킨 서중하 여사님. 두 아들을 사제로 만들기까지 성모님께 매달려 밤낮 없이 돌려댄 묵주알이 몇 만 단이었을까요.

신자들뿐 아니라 국민의 아버지로 선생복종(善生福終)하신 아드님을 버선발로 뛰어 나와 반기셨겠지요? 수고했다. 수고했다. 뜨거운 가슴으로 보듬고 기쁨의 눈물도 흘리셨겠지요?

이제 우리나라를 위해서 함께 기도해 줄 수호천사 모자가 계셔서 든든하고 행복합니다.

서중하 여사님, 고맙습니다. 사랑합니다.

2009년 5월

참으로 고마운 분들

금년 10월은 개천절과 추석이 같은 날로 겹쳐 있어 묘한 느낌을 주지만, 아무래도 저에게 가장 큰 의미로 다가오는 날은 한글날입니다.

교직에 있을 동안, 저는 신학기만 되면 학생들에게 꼭 물었습니다. "우리 역사상 가장 존경하는 인물이 누구지요?" 학생들은 잠시 망설이다가 각자 이 사람 저 사람 이름을 불러댑니다. 그러면 저는 꼭 한마디 했지요. "아니, 왜 망설여요? 일단 첫 번째는 금방 답이 나와야지요. 자 다같이 크게 해 보세요. 세종대왕! 그 다음부터는 여러분 마음대로!"

수년 전 고액권 화폐의 필요성이 주장되었을 때, 저는 반대했습니다. 그 이유는 오직 하나. 역사 인물 중 세종대왕을 능가할 분이 없었기 때문입니다. 10만 원짜리 수표가 남발되고 그냥 버려져, 그 낭비가 이만저만이 아니라는 소리를 듣고서야 수긍이 되었지만, 분명 지금 신사임당께서도 대왕보다 높은 자리에 앉아 있음을 송구스러워 하시리라 믿습니다.

1443년과 1446년은 국민으로서 꼭 기억해야 할 해.

훈민정음을 창제한 해도 중요하고, 실제 사용에 맞도록 다듬어서 반포한 해도 중요하니까요. 자신은 어린 시절부터 한문을 익혔으니 문자 생활에 전혀 불편이 없었으련만, 오직 하층 백성을 불쌍히 여겨 배우기 쉽고 쓰기 쉬운 한글을 만들어 주신 세종대왕!

그 동기가 바로 예수님의 마음인 측은지심이기에 눈물나게 감사한 것입니다.

그토록 따뜻한 감성을 지닌 왕은 이성의 산물인 측우기, 혼천의, 해시계, 물시계 등 과학기구까지 만들어 내셨으니 국민으로서 어찌 첫 번째로 존경하지 않을 수 있겠습니까? 워낙 과학적인 문자라 배우고 쓰기도 쉽지만, 오만 가지 소리 다 표기할 수 있어서 세계 언어학자들이 최고의 찬사를 아끼지 않는 훈민정음!

유네스코에서 세계 문화유산으로 지정한 것이며, 문맹 퇴치에 기여한 사람에게 주는 상을 '세종대왕상'이라 명명한 것 등은 너무나 당연한 일입니다.

제가 더욱 놀랐던 것은 처음 컴퓨터 워드치기를 배우면서였지요.

영어는 한 단어 속에 자음이나 모음이 두 개 이상 겹쳐진 경우가 많아 자판 배열부터 우리하고 다릅니다. 즉 자음과 모음이 한 쪽으로 몰려 있지 않고 여기저기 배치되었습니다. 그러나 한글은 한 글자 속에 반드시 자음과 모음이 섞여 있으므로 자판 왼쪽에는 자음, 오른쪽에는 모음, 이렇게 나누어 배치했을 것입니다. 그러다 보니 우리는 왼손 오른손 박자를 맞춰가며 즐겁게 칩니다. 그 균형감이 얼마나 좋은지요. 바로 그런 문자의 우수성이 우리를 인터넷 강국으로 만든 일등공신임을 누가 부인하겠습니까? 대왕은 500년 뒤 컴퓨터 시대까지 내다보신 것입니다.

이렇게 훌륭한 한글이 드디어 세계로 미래로 뻗어나가는 첫 테이프를 끊었다지요. 지난 8월 인도네시아 부톤섬 바우바우 시는 우리 한글을 공식 문자로 도입했다고 합니다. 인구 6만 명의 찌아찌아족. 그들은 고유어를 가졌으나 표기할 문자가 없어 이제 그 언어마저 사라질 지경에 이르렀는데, 이번에 우리 한글로 그들 언어를 표기한 교과서를 만들었다는 것입니다.

이 놀라운 소식을 듣고 어찌 국민으로서 환호하지 않을 수 있으리오. 우리 한글이 채택되었다는 기쁨도 기쁨이지만, 한 소수 민족에게 고유문화의 명맥을 잇게 했으니 마치 '생명'을 선물한 것 같아 더욱 기쁜 것입니다.

알고 보니, 이 큰 일을 이루어낸 숨은 공로자는 '훈민정음학회' 이기남 이사장. 일제 강점기 때 학생들에게 몰래 한글을 가르치다가 면직당한 원암 이규동(1905-1991) 선생님의 따님이라고 합니다. 오, 그 아버지에 그 딸!

그분은 초등학교 6학년 때 담임선생님의 한 말씀이 오늘의 기쁨을 있게 했다고 합니다.

"너는 어른이 되면 큰 일을 할 사람이다. 건강도 잘 챙기고 공부 열심히 해야 한다."

이기남 여사께서는 담임선생님이 말씀하신 '큰 일'이 무엇인지 늘 가슴에 새기다가 칠순이 넘어서야 그 일을 해냈다고 기뻐하셨습니다.

참으로 고마운 분들!

세종대왕을 비롯해 국어사랑을 심어주신 아버지, 사명감을 심어주신 스승님, 큰 일을 해 주신 이사장님.

모두모두 감사합니다.

2009년 10월

신앙 선조 안중근 토마스를 기리며

　　천주교인으로서 훌륭한 신앙의 선조들을 만나는 것은 큰 기쁨이고 자랑입니다.

　　이 세밑에 소중하게 나누고 싶은 이야기의 주인공은 지난 10월 26일, 의거 100주년을 맞은 안중근(1879~1910) 의사입니다. 안 의사는 18세 때 황해도 청계동 성당에서 '토마스'라는 이름으로 영세한 우리 천주교 신자이지요. 아버지는 열 살도 안 되어 사서삼경을 통달한 신동으로 온 고을에 이름난 안태훈 씨. 그는 높은 학구열 덕분에 일찍이 천주교를 받아들였고, 복음 전파에 앞장서 청계동 성당을 활성화시켰던 분입니다. 게다가 정의감이 대단해 어린 응칠(안중근 아명)에게 많은 영향을 끼쳤지요.

　　청년 안중근 의사도 선교에 열심이었습니다. 그는 영세 신부인

프랑스 선교사 홍석구 요셉 신부와 함께 여러 고을을 돌며 연설했지요. 언제 들어도 심금을 울리는 그의 연설문!

여기 그 첫머리만 소개합니다.

"형제들이여, 할 말이 있으니 꼭 내 말을 들어주시오. 만일 어떤 사람이 혼자서만 맛있는 음식을 먹고 그것을 가족들에게 나누어 주지 않는다거나, 또 재주를 간직하고서 남을 가르치지 않는다면, 그것을 과연 동포의 정리(情理)라고 할 수 있겠소? 지금 내게 별미가 있고, 기이한 재주가 있는데, 그 음식은 한번 먹기만 하면 장생불사하는 것이요, 또 이 재주를 한번 통하기만 하면 하늘로 날아 올라갈 수 있는 것이오. 그래서 그것들을 가르쳐 드리려는 것이오. 동포 여러분, 귀를 기울이고 들으시오……"

그에게는 나라 사랑과 하느님 사랑이 하나였습니다. 몽매한 국민들이 글을 알아야 애국심을 고취할 수 있고, 천주교 교리도 빨리 습득할 수 있다고 1906년에는 가산을 정리하여 '삼흥학교', '돈의 학교' 등을 세우기도 했습니다.

그러나 교회에서는 그가 살인을 했다는 이유로 한동안 몹시 냉정했습니다. 심지어 여순(旅順) 감옥에서 마지막 고해성사를 보고자 요청했을 때도 주교님은 허락지 않으셨습니다. 다행히 영세 신부인 홍 신부가 담대하게 감옥을 찾아 성사를 주었으니, 이승 길

떠나는 그의 기쁨이 얼마나 컸을까요.

옥중에서도 일분일초를 아끼며 '동양 평화론'을 집필하던 안중근 의사. 그는 6회의 공판 끝에 사형 언도를 받았지만 상소하지 않기로 결심하고, 바로 주교님과 영세 신부님, 그리고 어머니와 부인에게 유서를 씁니다. 죽음을 앞두고 그가 보여 준 의연함에 관계자들은 모두 고개를 숙였다고 하지요. 그때 나이 한창 푸른 31세. 그는 국가의 위기를 두 어깨에 지고 독실한 신앙인으로서 자신을 완전히 연소시킨 것입니다.

그가 어머니에게 보낸 유서를 다시 한 번 눈물로 읽어 봅니다.

"예수를 찬미합니다.

불효자가 감히 어머님께 한 말씀을 올리려 합니다. 엎드려 바라옵건대, 자식의 막심한 불효와 아침저녁 문안 인사 못 드림을 용서해 주시옵소서.

이슬과도 같은 이 허무한 세상에서 자식에 대한 정을 이기지 못하고 저 같은 불효자를 너무나 생각해 주시니, 훗날 천당에서나 만나 뵈올 것을 바라며 기도하옵니다.

이 세상의 일이야말로 모두 주님의 명에 달려 있으니, 마음 편안히 하시기를 천만 번 바랄 뿐입니다. 장남 분도는 장차 신부가 되게 길러 주시기를 바라오며, 훗날에도 잊지 마시고 천주께 바치는 몸이 되도록 키워주시옵소서······ (···)"

그는 어머니가 지어 보낸 하얀 두루마기를 갈아입고 형장으로 나갔으며, 관 위에는 동생의 부탁으로 십자가 고상이 그려진 흰 천이 덮여졌다고 합니다.

그가 목숨을 걸고 살인을 한 것은 이등박문 개인에 대한 것이 아니라 일본 제국주의에 대한 것이요, 동양 평화를 위한 것임을 인정하고, 교회가 늦게나마 그를 받아들인 것은 당연한 귀결이지요.

특별히 금년에는 동상도 세우고, 무명지가 잘린 그분의 대형 손바닥을 시민들의 손도장으로 가득 채우는 등 여러 가지 기념행사가 열리는 가운데 기쁜 소식이 들렸습니다.

의거 100주년을 맞아 한국, 중국, 일본의 천주교인들이 그분을 위한 묵주기도 100만 단 바치기 운동을 벌이고 있다는 것입니다. 그가 순국한 여순 감옥 관할인 중국 다롄(大連)의 한인 성당을 중심으로 일본 오타시 본당이 참여하여 인터넷 카페를 통해 봉헌 받는 이 운동은 순국일인 내년 3월 26일까지 계속된다고 합니다. 우리 모두 기쁘게 참여합시다.

＊카페 주소: http://cafe.daum.net/tianzhujiaotang(중국 대련 한인 성당)

2009년 11월 위령의 달에

최양업 신부님을 기리며

　김대건 신부님 순교 축일을 맞이하면 저는 언제나 최양업 신부님을 떠올립니다.

　십수 년 전, 달레 신부님이 쓰신 '한국천주교회사'를 눈물로 읽으면서 자랑스런 신앙조상들 중 특히 최양업 신부님 모자에게 애정이 갔습니다. 그런데 그분들이 103위 성인반열에 들지 못했다니 어찌 그리도 억울하던지요.

　최양업 신부님은 우리 초기교회 안에서 누구도 부인 못할 사도 바오로이셨습니다. 180여 년 전, 그 처참한 박해시대에 경기, 충청, 강원, 전라, 경상도의 산간벽지에 흩어진 127개 교우촌을 돌며 목마르게 기다리는 신자들에게 성사를 집전하시느라, 해마다 7천 리씩을 걸어 다니며 12년 동안이나 고생하시다가 과로로 세상을 떠난 땀의 순교자이십니다. 늘 시간에 쫓기고 행여 잡힐까 긴장된 중에도 여러 정황을 스승 신부님들께 보고하기 위해 편지를 쓰신 신부님. 은밀히 인편으로만 부쳐야하니 언제 들어갈지, 언제 답을 받을 수 있을지 기약도 없거니와 등잔 심지를 돋우며 먹을 갈아 붓으로 써야하는 열악한 환경에서 그것도 라틴어로 말입니다.

최근에 그분의 편지 열여덟 통이 번역되어 그분의 숨결을 느끼게 되었음은 큰 행운이지요. 그분 편지의 한 대목을 소개합니다.

"하루는 전라도의 진밧들이라는 마을로 갔는데 그곳은 얼마 전부터 거의 마을 전체가 교리를 배우며 세례 준비 중이었습니다. 그들은 세례 받을 준비를 다 마치고 선교사 신부님이 오기만 초조하게 고대하고 있었습니다. 제가 저녁나절에 신자 몇 명에게 고해성사를 집전한 다음, 아기 세례에 이어서 대세받은 아기들에게 세례성사 보례를 집전하였습니다. 그리고 나서 잠깐 눈을 붙였다가 닭이 울 때 일어나 미사를 드릴 예정을 하고서, 영세 준비를 마친 어른 15명에게 세례성사를 집전하기 시작하였습니다. 그 때 갑자기 100명이 넘는 포졸들이 마귀떼같이 몽둥이를 들고 쳐들어왔습니다. 그들은 제가 성사를 거행하고 있는 집을 둘러싸더니 미사 가방과 성작 등을 빼앗아가기 위해 저 있는 방까지 들어오려고 덤벼들었습니다. 그러나 거기 함께 있던 신자들이 비록 숫자는 적었으나 그들의 침입에 완강히 대항하여 못 들어오게 막았습니다. 문을 빙 둘러싼 그들은 온갖 폭력을 휘둘러 문을 부수고 들어오려

하고 신자들은 죽을 힘을 다해 그들을 물리치느라고 일대 난투극이 벌어졌습니다. 그리하여 쌍방 간에 부상자까지 발생하였습니다. 저는 몇 신자들과 함께 방에 있었는데 신자들의 도움으로 급히 미사 짐을 챙겨 치우고, 뒤 창문으로 빠져나와 캄캄한 밤을 이용하여 산속으로 도망칠 수 있었습니다. 저와 몇몇 신자들은 신발도 신지 못한 채 바위와 가시덤불 사이로 허둥지둥 이리저리 헤매었습니다."

열다섯 어린 나이에 김대건 신부님과 함께 신학생으로 뽑혀, 낯설고 말설은 타국에서 온갖 어려움을 극복하고 사제 공부를 하던 중 부모님 순교 소식을 들어야 했고, 조선의 두 번째 사제가 되어 삼엄한 경비 속에 고국으로 들어와 은밀히 교우촌을 돌며 주님을 증거한 최양업 신부님.

그런데 그분 어머니 이성례 마리아 님은 두고 온 갓난이가 걸려 잠시 배교했다는 이유로, 최양업 신부님은 피 흘리며 죽임을 당하지 않았다는 이유로 성인반열에 들지 못한 것입니다. 이런 기준도 인간이 세운 것일 텐데 하느님께서는 어떻게 생각하셨을까요. 아니 그의 동료 김대건 신부님께서는 어떻게 생각하셨을까요. 아마도 친구와 함께 있지 못함을 애석히 여기며 그의 시복시성을 빌고 있을 것만 같습니다. 주님, 그분 모자에게 자비를 베푸소서.

2006년 7월

망향의 망고나무 곁에서

작년 12월, 필리핀 마닐라에 있는 조카네 집에서 일주일을 보냈습니다. 조카가 어머니를 모시고 싶은데 너무 연로하시니 이모가 좀 모시고 올 수 없겠느냐고 제안을 했던 것입니다. 저도 필리핀은 가 보고 싶은 곳이어서 쾌히 승낙을 했지요.

조카네 집에서 5분 거리에는 공원이 있었는데, 한 쪽에 아름다운 성당이 있었습니다. 사철 더운 지방이라서인지 벽도, 문도 없이 그냥 활짝 공개된 성당이었고, 더욱 감사한 것은 24시간 열려 있는 성체 조배실이 있었습니다.

언니와 저는 매일 새벽미사에 참례하고, 틈만 나면 성체 조배실에 들러 주님과 독대하는 행운을 누렸지요. 제가 누린 행운은 그뿐이 아닙니다. 조카의 초청을 받았을 때, 저는 미리 한 가지 부탁을 했었지요.

"마닐라 근교에 '롤롬보이'라는 곳이 있다. 그곳은 열다섯 어린 나이에 마카오로 유학을 갔던 김대건, 최양업 신학생이 민란 때문에 잠시 피신해서 공부했던 곳인데, 당시 도미니코 수도회가 있었던 곳이라더라. 그러니 꼭 찾아 두었다가 나를 안내해 다오."

조카는 제 숙제를 성실히 이행했다가, 주말이 되자 두 시간 남짓 차를 몰아 우리를 그곳으로 안내했지요. 골목 입구에 붙어 있는 '성 김대건 안드레아 기념 성당−300m'라는 한글 표지판을 볼 때부터 가슴이 뛰기 시작했습니다. 골목 안으로 들어가자 아담한 성당이 나왔지요. 입구에 세워진 김대건 신부님, 최양업 신부님의 동상을 보는 순간 저는 너무나 반가워 얼른 무릎을 꿇고 인사드렸습니다. 열다섯 어린 나이에 낯설고 말설은 중국 땅으로 들어가 신학 공부하랴, 외국어(그것도 중국어, 불어, 라틴어 등) 공부하랴, 얼마나 고단했을까…… 게다가 금의환향의 귀국 길에 온갖 수난을 겪어야 했으니 그 고충이 오죽했을까. 그분들이 남긴 편지들이 마구 뒤섞여 떠올라 가슴이 아렸습니다.

반갑게도 한국 수녀님이 우리를 맞아 주었지요. 그곳에는 '안드레아 수도원' 소속 수녀님 세 분이 상주하고 계시면서 방문객을 안내한다고 합니다. 20여 년 전 오기선 신부님께서 백방으로 수소문한 끝에 이곳을 찾아내고, 한국교회의 노력으로 이 정도의 기념 성당을 세우게 되었다는 설명과 함께 여러 가지 에피소드도 들려주십니다.

성당에 들러 조배를 드리고, 7층탑처럼 보이는 '칠궁방'으로 들어갔지요. 계단을 타고 올라 보니 층마다 기도방이 마련되어 있었습니다. 대 데레사 수녀님의 7단계 기도를 염두에 두고 만든 방이라는데, 넓은 탁자 앞에 십자가가 모셔져 있고 문은 한국 전통식 격자무늬 창살이어서 정다웠습니다.

김대건 신부님 '유해소'에도 들어가 무릎 꿇고 묵상하자니, 옥중에서 교우들에게 보낸 마지막 편지 구절이 떠올라 눈시울이 젖었습니다. "교우들 보아라…… 천주 오래지 않아 너희에게 내게 비겨 더 착실한 목자를 상 주실 것이니 부디 설워 말고 큰 사랑을 이뤄 한 몸같이 주를 섬기다가 사후에 한 가지로 영원히 천주대전에서 만나 길이 누리기를 천만 번 바란다. 잘 있거라."

그러나 정작 저를 더 크게 울린 것은 성당 뜨락에서 본 망고나무였습니다.

필리핀에서 십오 년을 넘게 산 조카도 이렇게 큰 망고나무를 본 적이 없다고 할 만큼 우람한 망고나무. 그 앞에는 〈망향의 망고나무〉라는 팻말과 함께 다음과 같은 설명이 붙어 있었습니다.

"성인 안드레아 김대건 신부님께서는 고향에 계신 부친(성인 이냐시오 김제준)께로부터 보내온 편지를 읽으시면서 바로 이 망고나무 아래서 하염없는 눈물을 흘리셨다고 전해 내려오고 있다. 성 도미

니코 수도회 별장이었던 이곳의 1839년경의 사진은 마닐라 시 박물관에 소장되어 있다."

망고나무 등걸에 몸을 기대니 신부님의 체취가 느껴지면서 마구 눈물이 흘렀습니다.
아, 자랑스러운 신앙의 조상이시여, 천국에서도 우리를 위하여 빌어주소서.

2007년 2월

오, 자랑스러워라!

　9월, 순교자 성월이 되면 꼭 생각나는 분들이 있었습니다. 조상 제사 문제로 가장 먼저 목숨을 잃은 윤지충 바오로 순교자, 초기 한국 교회 기초를 놓은 정약종 아우구스티노 순교자, 성 김대건 신부님의 증조부 김진후 비오 순교자.

　이분들이 103위 성인에 들지 못한 것이 안타까워서였습니다. 어쩐지 후손들의 불찰로 예를 다 못 갖춘 것 같아 송구스럽고, 이분들이 신앙을 지키기 위해 당했던 온갖 고초를 생각하면 눈물이 나곤 했습니다. 찬물 한 모금 마시는 데도 위아래가 있거늘, 자손을 교회로 이끈 아버지 대, 할아버지 대의 순교자들이 빠졌으니 분명 송구스러운 일이었지요.

　그리고 제 가슴을 더욱 아리게 했던 두 분이 있습니다. 삼천리

강산을 누비며 은밀하게 양 떼들을 돌보다가 거리에서 쓰러진 최양업 토마스 신부님과 그 어머니 이성례 마리아 님.

아들 토마스 신부님은 피의 순교가 아니라는 이유로, 어머니 마리아 님은 굶어 죽어가는 어린 핏덩이 때문에 잠시 배교했었다는 이유로 시성에서 제외된 모자. 이 일을 두고 하느님께서는 얼마나 답답해하셨을까, 또 김대건 신부님은 동료 최양업 신부님에게 얼마나 미안해했을까 생각하면서 마냥 억울해 눈물이 났던 것입니다.

그런데 금년 순교자 성월을 맞아서는 눈물 대신 기쁨이 샘솟습니다. 주교회의 시복시성 주교특별위원회에서 금년 5월 시복 예비 심사 법정을 종료하고, 6월 3일 로마 교황청 시성성을 방문하여, 증거자 최양업 토마스 신부님과 '하느님의 종' 124위의 시복을 위한 공식 청원서 및 관계 자료를 제출했다는 소식을 들었기 때문입니다.

1984년 103위 시성식 때는 증거 자료가 충분했던 기해박해(1839) 이후의 순교자들만 올렸던 것인데, 이제 초기 박해 때 순교하신 분들도 모든 자료를 구비하여 다시 올림으로써 숙원 사업을 이루어 낸 특별위원회에 감사의 박수를 드립니다. 그리고 피의 순교가 아니라도 증거자로서 성인품에 오를 수 있도록 조건이 완화된 데에 대해서도 환영의 박수를 보냅니다. 비록 늦은 감이 있으나 드디어 신앙 선조들에게 후손으로서 해야 할 도리를 다한 것 같아 정말 기쁩니다.

현재 전 세계 교회로부터 시성성에 제출된 시복 청원은 2,000여 건에 이르는데, 아시아와 아프리카 교회로부터 들어온 청원을 우선적으로 다루게 될 것이라고 합니다. 우리나라에서 올린 최양업 토마스 신부님과 124위 중 단 한 분도 빠지지 않고 성인품에 오르기를 기도드립니다. 이제 이 일이 끝나면 하루속히 한국전쟁 때 순교한 분들에 대한 심사도 이루어져야 되겠지요.

　　우리 천주교회는 세계에서 단 하나, 선교사 없이 자생적으로 세워졌다는 점, 그것도 대유학자들이 서적을 통해 참 진리를 알아보고 학문으로 먼저 받아들였다는 점 등을 생각하면 항상 민족적 자긍심이 치솟습니다. 게다가 103위 시성식 후 성인 수까지 세계 4위라고 해 어깨가 절로 으쓱거려졌지요. 이번에 올린 125위가 시성되면 228위의 성인께서 단체로 조국을 위해 기도해 주실 것을 생각하니 미리부터 기쁩니다. 그리고 우리 500만 천주교 신자들이 그분들의 각별한 사랑을 받고 신앙심이 더욱 뜨거워져 열심히 선교하면서 이 어지러운 세상의 빛과 소금의 역할도 잘 해내리라 생각하니 더욱 기쁩니다.

2009년 9월

축복이 그냥 오나요?

구약 성경을 필사하고 있노라면 순간순간 눈앞에 펼쳐지는 사건이 하도 생생해, 몸을 떨며 전율하거나 눈물짓는 경우가 많습니다.

오늘은 '토빗기'를 쓰다가 느낌이 많았습니다. 평생토록 진리와 선행의 길을 걸어온 토빗은 포로가 되어 남의 나라에 끌려가서도 친척과 동료들에게 자선을 베풉니다. 자선이란 많은 것을 가지고 잘 살 때만 베푸는 것이 아님을 또 한 번 배우지요. 토빗은 고생고생 하다가 어느 날 집으로 돌아와 자기를 위한 잔치 상 앞에 앉습니다. 그런데 풍성하게 차려진 음식을 보고 아들을 내보냅니다. 동포들 가운데 가난한 이들을 데려와 함께 먹자고. 그런데 밖으로 나간 아들이 동포가 살해되어 장터에 던져져 있는 것을 보고 달려와 아버지에게 알립니다. 그 아버지에 그 아들이지요. 토빗은 음식에 손도 대지 않은 채 장터로 달려가 그 주검을 옮겨다가 잘 간수한 뒤에 손을 씻고 음식을 먹습니다. 그리고 해가 진 다음에 남 몰래 묻어 줍니다. 배가 고프면 먹는 것 앞에 장사 없다는데, 이토록 자신의 허기를 채우기보다 남을 위한 선행이 우선인 토빗을 생각하면 저절로 고개가 숙여집니다. 내 허기를 채운 다음에라도 서슴지 않고 자선을 베풀 수 있다면 그나마 다행이라 할까요. 어쨌거나 고통과 자선의 끝에서 축복을 받는 토빗기를 즐겁게 필사했습니다.

매월 정기적으로 만나서 점심 식사를 하는 모임이 있습니다. 그때마다 떠오르는 생각은 '아, 우리들 사이사이에 굶주리는 어린이 한 명씩을 앉히고 함께 먹을 수 있다면 얼마나 좋을까……'.

요즈음은 다들 과식하지 않으려 애씁니다. 그래서 음식은 남아 돌게 되고, 그 음식 쓰레기 처리하는 데 드는 비용이 10조 원이 넘는다고 합니다.

제가 음식 상 앞에서 북한 어린이나 아프리카 어린이를 떠올리는 것은 오래 전 유니세프 후원회보에서 7초마다 한 명의 어린이가 굶어 죽어가고 있다는 보도를 접한 후부터입니다. 아니, 그보다 더 진한 이유는 제가 한국전쟁 때 실제로 그렇게 굶는 어린이 노릇을 해 보았기 때문입니다. 아버지가 공직에 계셨던 이유로 공산군에게 무참히 학살되고, 집과 살림살이까지 공산군들에게 다 빼앗긴 뒤, 그들이 선심 쓰며 허락한 단칸방의 좁은 공간에서 온 가족이 옹기종기 모여 굶기를 밥 먹듯 하던 그 시절. 우리 양식은 그들 양식이 되어 끼니때가 되면 그들은 쌀을 씻고, 어린 저는 재치 있게 그들이 버리는 뜨물을 받아 끓여 먹던 그 시절. 그 시절이 없었다면 저에게 가난한 사람의 배고픔을 이해할 아량이나 능력도 없었겠지요. 그 덕분에 자신에게 쓰는 것은 아끼고 아끼면서 여기저기 기쁘게 후원회비를 낼 수 있으니 그 또한 하느님의 축복이 아닌가합니다.

사람들이 요즈음 어렵다고 할 때마다 생각합니다.

그 참혹했던 6·25를 겪고도 이렇게 잘 살고 있는데, 이 정도에서 어렵다고 자살 운운 한다면 엄살이지…… 개인적으로 고통 없이 성숙한 사람 없고, 국가적으로도 난관 없이 발전한 나라 없음은 역사가 증명해 준 엄연한 사실입니다.

유월을 맞으면 어김없이 떠오르는 한국전쟁의 기억!

그 아픈 기억 끝에 늘 함께 떠오르는 것은 '한강의 기적'입니다. 저는 심심하면 보고 또 봐도 싫증나지 않는 티브이 화면을 상상으로 봅니다. 온 국민을 열광케 한 월드컵 경기, 반기문 유엔 사무총장의 취임식, 태극기를 몸에 두르고 빙판을 누빈 피겨 요정 김연아, 세계가 놀란 추기경님의 감동적인 삶과 죽음……

얼마나 기쁘고 자랑스러운 화면입니까? 그 모든 것이 바로 고통의 끝에서 만난 축복이 아닐까요.

　게다가 글로벌 경기 침체도 우리나라가 가장 빠르게 벗어나고 있다니 그 또한 기쁜 소식이지요. 감사, 감사할 뿐입니다.

　우리나라는 2025년이 되면 세계 7위의 경제대국이 된다는군요.

　부디 국가 경제나 국민 정신이 풍요로워져서, 한국전쟁 때 유엔으로부터 받았던 도움을 이제 우리가 앞장서 부지런히 돌려줄 수 있기를 빕니다.

2009년 6월

기다리던 공연을 놓치고

과학도들은 도대체 어디까지 새로운 것을 발명하고 발견해서 우리를 놀라게 할 것인지요. 아니, 하느님께서는 또 얼마나 많은 보물을 밭에 묻어 놓았기에 수천 년을 캐고 또 캐도 더 나오는 것일까요.

요즈음 많은 사람들이 자동차에 네비게이션을 달고 다닙니다. 엊그제 나를 태운 자동차의 주인도 마찬가지였는데, 그는 그 기계를 '미스 김'이라고 불렀습니다. '미스 김이 하라는 대로 해야 해요, 미스 김이 잘못 간다고 야단치네요.' 그의 장난기 어린 말을 들으며, 인생길도 누가 그렇게 일일이 일러 준다면 얼마나 좋을까 생각했습니다. 하기야 주님께서 일러 주실 텐데 못 알아들어서 탈이지만.

네비게이션 못지않게 고마운 것이 인터넷입니다.

멀리 있는 사람과 소식을 나눌 수 있고, 금방 찍은 사진까지 받아 볼 수 있으니 얼마나 신기합니까. 게다가 원고를 써서 메일로 보내면 즉시 받아볼 수 있으니 얼마나 편리하고 감사한지요.

저에겐 그보다 더 고마운 일이 있어 이 글을 씁니다.

최근 우리 본당에서 레나 마리아 공연이 있었지요. 말로만 듣던 레나의 가스펠 송을 직접 들을 수 있는 절호의 기회가 온 것입니다. 저는 몇 날 전부터 그 토요일 저녁을 손꼽아 기다렸습니다. 누구랑 함께 갈까 하고 여기저기 전화를 했지만 다 시간이 맞지 않았습니다.

'혼자 가지 뭐, 그 좋은 노래 혼자 들어야 더 좋지, 뭐' 하면서 그 날을 손꼽아 기다렸지요. 당일이 되어 일찌감치 저녁을 먹고 치웠습니다. 그런데 시작 시간인 8시까지는 시간이 좀 남아 있었습니다. 텔레비전을 틀었지요. 그것이 탈이었습니다. 넋 놓고 보고 있다가 깜빡 레나 마리아를 잊어버린 것입니다. 깜짝 놀라 시계를 보았을 땐 이미 9시 반이 넘어 있었습니다. 서둘러 간다 해도 늦어버린 겁니다. 그 허퉁함이라니! 팔짝팔짝 뛰고 싶은 심정이었습니다. 얼마나 가슴 설레며 기다렸던 공연인데요.

그동안 친구들한테서 건망증 시리즈를 많이도 들었습니다. 그 때마다, 난 아직 아니야, 하고 좋아했더니 그만 현실로 와 버린 것입니다. 좋은 공연 못 본 것도 속이 상한데, 자신에 대한 실망 때문에 더 속이 상했습니다. 하릴없이 거실을 서성이는데 갑자기 인터넷 생각이 났습니다. '혹시 거기서라도 볼 수 있지 않을까?'

저는 컴퓨터를 켰습니다. '레나 마리아'라고 쳤지요. 와! 여러 개의 창이 떴습니다. 저는 신이 나서 이것저것 눌러댔지요. 와, 세상에…… 그동안 우리나라에 몇 번 온 것이 다 떴습니다. 건국대학교, KBS 열린 음악회, 순복음 교회, 줄줄이 떴습니다.

금세 작은 모니터는 크고 화려한 무대로 바뀌고 그네가 절룩이며 단상을 향해 걸어 나왔습니다. 양팔이 없고 한 쪽 다리가 짧은 중증 장애인 레나 마리아. 훤칠한 몸매, 환한 미소를 머금은 얼굴, 천사가 따로 없었습니다. 게다가 자신의 입보다 높이 있는 마이크를 턱으로 착 끌어내리는 그 당당함. '난 손이 없어도 아무 문제가 안 돼요'라는 듯 능숙한 턱짓에 저는 그만 압도당하고 말았습니다.

이어서 들려오는 목소리. 그 고운 표정. 저는 노래를 들으며 무아경에 빠졌습니다. '마이 라이프' '어메이징 그레이스'……

노래뿐이 아니었지요. 그 몸으로 수영을 하고, 발가락으로 뜨개질을 하고, 십자수를 놓고, 피아노를 치고, 운전을 하고, 마리아가 하는 온갖 것을 다 보았습니다. 게다가 노래보다 더 아름다운 멘트를 들을 수 있어 행복했습니다.

"삶이 주는 모든 것에 감사하는 마음으로 노래를 부릅니다. 팔이 없지만 노래할 수 있는 목소리를 주셨으니 하느님께 감사합니다……"

그의 말을 듣고 있자니 성경 말씀이 생각났습니다. 장애인으로
태어난 것은 자신의 죄 때문도, 부모의 죄 때문도 아니요, 오직
하느님의 영광을 드러내기 위해서라는.

그리고 그 날의 상실감을 두 배로 채워준 인터넷에 감사했습
니다.

주님, 레나 마리아에게, 그리고 밭에 묻힌 보물을 찾느라고
연구에 연구를 거듭하는 과학도들에게 축복 듬뿍 내려 주소서.

2007년 12월

토요일 새벽미사에서

지난 토요일 새벽미사 때의 일입니다.

젊은 형제분이 초등학교 4학년쯤 되는 어린이를 데리고 와서 바로 제 앞자리에 앉았습니다. 엄마가 아이들을 데리고 오는 경우는 흔치만 아빠가 데리고 오는 경우는 드문 일이라서 괜히 반갑고 그 아빠가 다시 보였습니다. 저는 속으로 주 5일제 근무 덕분에 아빠가 저렇게 아들을 데리고 새벽미사도 올 수 있나보다, 하면서 좋아했습니다. 게다가 형제님은 아이를 두 팔로 안고 정중하게 성호를 긋는 법을 가르치고, 고상을 향해 깊은 인사를 드리도록 시키고 있어 보기에 참 좋았습니다.

곧 전례자의 지시로 미사 시작 전 기도를 바치게 되었습니다. '순교자성월 기도'가 끝나자 '교구 대리구를 위한 기도'가 시작되었습니다. 우리 수원 교구에서는 그동안 교구가 너무 비대해져서 요즈음 대리구 제도를 실시하게 됨에 따라, 전 신자에게 기도문을 나누어 주고 미사 시작 전에 꼭 그 기도를 바치고 있지요. 그런데, 그 형제님이 그 기도문을 갖고 있지 않았습니다. 다행히 저는 두 장을 갖고 있어 얼른 하나를 건네 드렸습니다.

기도가 끝나자 형제님은 일부러 아이에게 그 기도문을 주면서, 감사하다는 인사말과 함께 저에게 건네도록 교육을 시키고 있었습니다. 어린 아들을 깨워 새벽미사를 데리고 올 정도라면 그 자체만으로도 고마운데, 하나하나 세심한 교육을 시키는 모습을 보니 더욱 고맙고 기뻤습니다. 형제님은 미사 도중에도 여러 번 아들의 어깨에 한 팔을 얹어 사랑을 표시하더니 평화의 인사 때는 아예 두 팔을 벌려 따뜻이 안아 주며 아버지의 사랑을 표시하는 것이었습니다.

저는 뒤에서 '참 보기 좋다' 하며 미소 짓고 있는데 형제님은 두 팔을 풀면서 옆자리 어른께, 그리고 뒷자리 저에게 인사를 드리라고 또 시키는 것이었습니다. 아이는 뒤돌아 저를 보며 형식적인 인사가 아니라 정중히 인사했습니다. 그 모습이 어찌나 예쁘던지 저도 모르게 팔을 길게 뻗어 아이를 안아 주었습니다.

순간 저는 오랜 교직생활에서 학생들과 함께 지내며 파악했던 사항이 떠올랐습니다.

자녀의 행동 하나하나를 보면 그 가정이 어떤 가정인가, 부모가 어떻게 교육을 시키고 있는가, 대번에 짐작하게 된다는 것이지요. 아이들은 학교에서 교육되는 것이 아니라 이미 가정에서 부모님들로부터 몇 배나 중요한 인성교육을 받으며 자라 왔다는 것이지요.

어른에게 대한 공손한 예절, 남의 입장을 헤아릴 줄 아는 배려, 주변의 사물들에 대한 따뜻한 시선, 사람을 대할 때 밝게 웃으며 인사하는 습관, 보고 듣는 것에 대한 긍정적 사고…… 이 모든 것이 이미 가정에서 교육되고 형성되어 버린다는 것이지요. 아이들에게 있어 부모야말로 최초의 스승이요 거울이니까요. 가정에서 잘못 형성된 인성을 학교 교육으로 바로잡을 수 있을까요? 글쎄요. 제아무리 도덕이니 윤리니 하는 과목으로도 이미 형성된 개인의 인성을 하루아침에 바꾸기엔 어려움이 많습니다. 우선 좋은 말도 좋게 들을 수 있는 마음바탕이 없으면 입을 삐죽대며 야유부터 하게 되니까요. 담임선생님이 조회, 종례 때로 똑같은 말을 하지만 듣는 사람의 반응은 언제나 긍정과 부정 두 가지로 나타났으니까요.

저는 새벽미사에서 그들 부자를 보며 생각했습니다. 제발 젊은 아빠 엄마들이 자녀의 학교 성적에 기울이는 정성의 반만이라도 인성교육에 힘써 주었으면 좋겠다고.

2006년 7월

주님께서 마련해 주시다

지난 봄 끝자락 어느 토요일 오후의 일입니다.

명동 성당 결혼식에 나가야 하는데 비가 부슬부슬 내렸습니다. 혼주는 '지속적인 성체 조배회'에서 나와 같은 시간을 맡고 있는 세 사람 중 한 사람. 남은 두 사람이 함께 가기로 했다가 그분 사정으로 축의금 봉투를 부탁받고 나만 가게 되었습니다.

비 내리는 주말이라 마음이 쓸쓸했던 것일까요. 아는 사람 없는 결혼식에 혼자 가기가 쑥스러워 친구에게 전화를 걸었습니다. 봉투가 두 개니 얼굴도 보고 저녁도 먹자구요. 그런데 나올 형편이 아니랍니다. 또 다른 친구에게 전화했지만 역시 실패. 결국 혼자서 버스를 탔습니다. 우산을 접고 자리에 앉는데, 지금 막 버스에 오르는 분이 보입니다. 다음 순간, 어머나, 선생님! 어머나, 데레사 님!

우리는 함박꽃 웃음으로 서로를 반기며 나란히 앉았습니다.

어디 가시나요? 명동 갑니다. 어머, 저도 명동 가는데요. 둘은 마냥 기뻐했습니다.

이순희 마리데레사 님은 중국선교에 뜻을 품고 현지에서 활동하는 선교사 부부를 돕고 있는 분입니다. 그 선교사 부부가 특별히 탈북 청년들을 많이 거두어 영세를 시키고 한국행도 돕고 있다는 얘기를 들었는데, 오늘 그 중 한 청년을 명동 성당 앞에서 만나기로 했다는 것입니다. 저녁도 사 먹이고, 무엇보다 진로 문제를 거들어 주기 위해서라구요. 갖출 것 다 갖춘 분이 항상 겸손해서 좋아했더니, 외로운 청년들에게 어머니 노릇도 해 주고 있구나 싶으니까 더욱 존경스러웠습니다. 나는 대뜸 말했지요. 어머나, 너무 잘 됐어요. 그럼 지금부터 저와 함께 시간을 보내요.

문득 그 청년에게 혼배미사도 보여 주고 싶고, 뷔페식인 저녁도 먹이고 싶습니다. 이런 일이 흔치 않을 테니 얼마나 좋은 기회입니까? 갑자기 좋은 일 할 수 있게 되어 너무나 기뻤습니다. 혼주의 입장에서도 축하객이 늘었으니 환영할 일이지요.

성당 앞에서 만난 청년(대건 안드레아)은 그지없이 순박해 보였습니다. 간단한 인사를 나누고 함께 안으로 들어갔습니다. 축하객들의 밝은 미소, 은은한 성가 소리, 아름다운 신랑신부의 모습, 집전 신부님의 좋은 말씀……

모든 것이 신기한 듯 숨을 죽이고 참례하는 청년을 지긋이 바라보던 데레사 님이 저와 눈이 마주치자 귓속말을 합니다. "어때요? 아주 순수하지요? 사제로 키우면 좋겠지요?"

뷔페식 음식을 먹는 자리에서도 데레사 님은 시종 자애로우십니다. 어리둥절한 청년에게 맛있는 것을 골라다가, 이것 먹어 봐, 이것도 먹어 봐, 하고 권하는 모습이 마치 다정한 모자 같기도 합니다.

식사 후, 우리는 밖으로 나가 차를 마시며 청년의 이야기를 들었습니다. 탈북자들은 대부분 중국을 목표로 나왔다가 견문이 넓어지면서 한국행을 꿈꾼다는 이야기. 선교사 부부를 만나 예수님을 알게 된 이야기. 좋으신 분들 도움으로 한국행에 성공한 이야기. '하나원'에서 교육 받은 이야기⋯⋯

조금 전까지 그가 신기해했듯이, 그때부터는 제가 신기해합니다. 저로서는 탈북자를 직접 만난 것도 처음이고, 전혀 다른 세상 이야기를 듣고 있자니 신기하기만 했습니다.

문득 주님의 목소리가 들렸습니다. '어떠냐? 내가 다 알아서 해 주지 않았느냐? 네 친구보다 더 반가운 사람을 보내 주었지?'

야훼 이레! 참으로 감사하고 즐거운 저녁이었습니다.

2009년 7월

말씀에서 위로를 받으며

　나에게는 오랜 교직 동료 중 존경하는 선배 한 분이 계십니다. 그분은 일상생활에서도 물론 그렇지만, 신앙생활에서 특히 모범을 보이십니다. 그래서 나의 영적 언니가 되어 주신 강계숙 구네군다 선생님. 그분이 연초에 신년 선물이라며 좋은 정보 하나를 주었습니다.

　인터넷 〈가톨릭 굿뉴스〉에 들어가면 '성경쓰기' 프로그램이 있는데 한번 시작해 보라는 것이었습니다. 귀가 솔깃해서 창을 열어 봤더니 생각보다 훌륭한 프로그램이었습니다. 구약에서 신약까지 그 방대한 성경이 다 입력되어 있는데, 한 줄에 한 절씩만 써 놓고, 그 아래에다 우리가 보고 쓸 수 있도록 칸을 비워둔 것입니다. 그런데 재미있는 것은 철자는 물론 띄어쓰기, 점찍기 등 하나만 틀려도 다음 칸으로 못 넘어가게 만들어 둔 것입니다.

'와, 성경공부뿐 아니라 국어공부까지 시키는구나. 도대체 누가 이렇게 멋진 프로그램을 만들었을까? 감사의 전화라도 드리고 싶네.'

하도 기뻐 혼잣말을 중얼거렸습니다.

개인성경쓰기뿐만이 아닙니다. 여러 단체가 함께 쓰도록 그룹성경쓰기도 있었습니다. 게다가 거기에 따른 여러 가지 통계도 한눈에 볼 수 있도록 정리되어 있었습니다.

2006년도부터 시작된 것이라는데, 현재 개인성경쓰기에는 10대에서부터 70대까지 그야말로 남녀노소 2만여 명이 참가하고 있었지요. 어린 시절부터 말씀에 맛들이며 건전하게 자라는 청소년들이 열두 명만 있어도 고마울 판에 15세 미만이 500여 명이나 됩니다. 또 흥미로운 것은 매일 개인의 전체 등수까지 내 주고 있는데, 어느새 다 마치고 두 번째 쓰는 사람, 세 번째 쓰는 사람도 있습니다.

어쨌거나 나는 그날로부터 기도하는 마음으로 기꺼이 개인성경쓰기를 시작하여 매일 한두 장씩 쓰고 있습니다. 말씀은 살아 있고, 힘이 있다는 사실을 새삼 깨달으면서 말입니다.

성경 말씀을 우리는 로고스(Logos)라고 합니다. 그런데 이것은 아직 나와 연결되지 않은 진리의 말씀 자체라고 하지요. 그런 로고스에 맞서 레마(Rema)라는 단어가 있습니다. 이는 하느님께서 손수 어떤 특정한 이에게 주시는 말씀이라고 합니다. 성경이 하느님께서 우리에게 주시는 '러브 레터'라고 한다면 분명 어떤 이에게 친히 주시는 말씀이 있을 테고, 우리는 그 말씀을 만나 뜨거운 감동을 받으며 말씀이 주시는 힘, 기쁨, 희망, 그리고 위로를 받으며 살게 될 것입니다.

나는 오래 전, 로마서 8장 28절을 레마로 받아 고통이 닥쳐올 때마다 도대체 어떤 선을 이루시려고 이런 고통을 미리 주시는 것인가 생각하며 아픔을 견딜 수 있었고, 미구에 찾아올 선한 결과를 기대하며 희망 안에 살 수 있었습니다.

"하느님을 사랑하는 이들, 그분의 계획에 따라 부르심을 받은 이들에게는 모든 것이 함께 작용하여 선을 이룬다"(로마 8,28).

그런데, 이번에도 성경을 쓰면서 나는 또 한 번 '레마'를 받고 가슴이 울컥했습니다.

나이 들면서 나 자신보다는 아이들에 대한 걱정이 늘고 있어, 청원 기도의 대부분이 3남매의 앞날을 위한 것이었는데, 갑자기 말씀이 들려왔습니다.

"보라, 내가 너희 앞에 천사를 보내어, 길에서 너희를 지키고 내가 마련한 곳으로 너희를 데려가게 하겠다"(탈출 23,20).

맞아요. 하느님께서 우리에게 맡기신 생명, 그분이 다 알아서 지켜주실 텐데, 내가 왜 이렇게 불안해 하는가, 눈물이 왈칵 나면서 그분께 완전히 의탁하지 못하는 내가 너무나 부끄러웠습니다.

"주님, 평화를 주셔서 감사합니다. 자비의 성심으로 젊은이들의 앞길을 보살펴 주소서. 오로지 당신께, 당신께 모든 것을 의탁하겠습니다."

2008년 6월

지상에서 가장 아름다운 결혼식

몇 년 전, 지상에서 가장 아름다운 결혼식엘 다녀왔었습니다.

어느 날 내 직장 동료요 영적 언니 구데군다 님이 청첩장을 내밀었을 때, 나는 뛸 듯이 기뻐 환호했었지요. 그도 그럴 것이 그 아들은 휠체어를 타는 청년입니다. 소아마비로 아랫도리가 발육을 멈추었지만 두뇌는 명석해 컴퓨터 공학 전공으로 어엿한 직장까지 가진 청년, 게다가 신앙심이 깊어 레지오 마리애 활동에 말씀 봉사까지 하고 있는 청년이니까요.

어느 날, 언니는 걱정스런 얼굴로 말했습니다. 레지오단에서 함께 활동하는 묘령의 아가씨가 그를 좋아하고, 그 또한 아가씨를 좋아한다는 것이었어요. 언니는 아가씨의 입장을 생각해서 안 된다, 안 된다, 너무 가까이 지내지 말라 충고했지만 두 사람은 10년이 되도록 떨어질 줄을 모른다는 것이었습니다.

친정어머니는 애가 탔습니다. 딸의 마음을 헤아린 친정어머니는 마침내 용기를 내서 시어머니 될 언니를 찾아 왔다는 것입니다.

"어쩌겠습니까? 저희들이 좋다고 하는데, 두 사람을 맺어 줍시다."

오, 브라보!

이 말이야말로, 남자 어머니가 여자 어머니에게 송구스러움을 무릅쓰고 해야 할 말이 아닐까요? 언니는 그분 앞에서 할 말을 잃었다고 합니다.

하느님의 사람들만이 할 수 있는 그 잔치는 역삼동 성당에서 치러졌습니다. 양쪽 부모가 사회활동을 하는 분이요, 두 사람 또한 성당 활동을 많이 해 왔기에 축하객이 실내를 가득 메웠습니다. 적당히 큰 키에 뚜렷한 이목구비를 갖춘 미모의 신부는 시종 밝은 미소를 지으며 하객들에게 고개 숙여 인사했지요. 자연스럽게 신랑의 휠체어를 밀면서……

이 특별한 혼인 예식은 참으로 거룩하고 아름다웠습니다. 주례 사제가 여러 분인 것도 인상적이었지요. 신랑 쪽 본당 신부님, 신부 쪽 본당 신부님, 그리고 신랑의 영적 대부이신 수사 신부님까지 세 분이 모두 오셔서 공동 집전으로 치렀습니다. 아, 그러고 보니 그날 예식장엔 신부가 네 분이었군요. 남자 신부(神父) 셋, 여자 신부(新婦) 하나. 하하.

더욱 인상적이었던 것은 신부 댁 부모는 방실방실 웃는데, 신랑 댁 부모는 시종 손수건으로 눈물을 찍어낸 것이지요. 큰 체구의 시아버지가 유독 많이 울었습니다. 분명 신부 부모는 신랑이나 신랑 부모의 마음을 다칠까봐 내색도 못하고 흐르는 눈물을 안으로 안으로 삼켰겠지요. 하객들 사이에서도 훌쩍이는 소리가 들렸습니다. 너도나도 모처럼 감동의 눈물, 영혼이 맑아지는 눈물을 숨죽여 흘리고 있었지요.

아리따운 신부여, 그대의 그 고운 마음은 예수 성심!

아가씨는 주님께서 보여주신 측은지심, 지고의 사랑을 실천했고 믿는 이의 귀감이 되었습니다. 사실, 시아버지는 이런저런 핑계로 교회에 잘 나가지 않았던 분이었는데 며느리를 맞고부터 하느님께서 천사를 보내주셨다며 열심히 교회에 나가더니 퇴직을 한 지금은 하느님 사업에 기꺼이 봉사하고 있습니다.

오늘도 나는 언니를 따라 그들 한 쌍이 경영하는 매장에 가 보았지요. 휠체어를 타고 나름대로 제몫을 하는 남편, 부실한 그를 도와 두 배로 바쁘게 뛰는 아내. 바라만 보아도 기쁨이 샘솟는데, 시어머니는 이것저것 준비해 간 먹을 것을 내 놓으며 며느리의 이마에 흐르는 땀을 닦아 줍니다.

곳곳에 얼굴 내미시는 주님, 찬미 받으소서.

2007년 3월

맨발의 성모님

맨발의 성모님 2

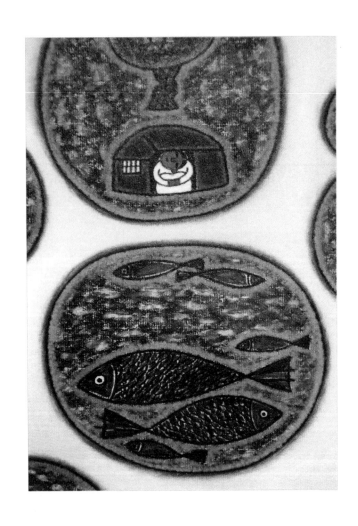

다이돌핀 이야기

최근 의학이 발견한 희소식 중에 긍정 호르몬 '다이돌핀'에 관한 이야기가 있습니다.

우리가 웃을 때 솟는다는 엔돌핀이 암을 치료하고 통증을 해소하는 효과가 있다는 것은 이미 알려진 사실입니다. 그런데 이 다이돌핀의 효과는 엔돌핀의 4,000배라는 것입니다. 그럼 이렇게 고마운 긍정 호르몬은 언제 나타날까요? 바로 감동을 받을 때라고 합니다.

"하늘의 무지개를 바라보면 내 가슴은 뛰누나.

내 어렸을 때도 그랬고,

어른이 된 지금도 그렇고,

늙어서도 그러기를 바라노니,
그렇지 않음 차라리 죽느니만 못해!
어린이는 어른의 아버지
바라건대 나의 매일 매일이
자연에 대한 경건함으로 엮어지기를."

워즈워드의 시를 배우며 황홀했던 소녀시절, 나 늙어 무지개를
바라보며 가슴 뛰지 않으면 어이하나 은근히 걱정을 했더니 그건
기우였어요. 지금도 무지개를 보면 가슴이 뛰고, 시멘트 바닥을 뚫
고 나온 민들레 한 송이에도 감동받아 그냥 스칠 수가 없으니 말입
니다.

가슴 깊이 파고드는 클래식 음악을 들으며, 영혼에 울림을 주는
문학작품이나 영화를 감상하며, 아름다운 대자연 앞에서 숨쉬기
도 멎고 감탄사를 연발하며…… 아니, 아니, 그보다도 하느님을
'아빠'로 받아들여 세례를 받을 때 하염없이 눈물을 흘리며, 성경
을 읽다가 친 어머니를 찾아주는 솔로몬의 지혜에 놀라며, 예수님
의 한량없는 연민, 용서, 그 중에서도 간음한 여자를 가운데 두고
너희 중 죄 없는 사람이 돌로 치라는 통쾌한 가르침에 탄복하며,
어버이 같은 마음으로 교우들을 어르고 달래는 바오로 사도의 편
지를 읽으며…… 아니, 아니, 바로 오늘 이 시대에 복음적 삶을 실
천하는 내 이웃들의 거룩한 희생을 보고 존경의 박수를 보내며

…… 그동안 받아온 온갖 빛깔의 감동을 나열하면 한이 없을 것 같습니다.

어쨌건 이런 감동을 받을 때, 우리 몸에서는 놀라운 변화가 일어난다고 합니다. 전혀 반응이 없던 호르몬 유전자가 활성화되어 안 나오던 엔돌핀, 도파민, 세로토닌이라는 아주 유익한 호르몬들을 생산하기 시작한다는군요. 특별히 뜨거운 감동을 받았을 때는 가장 강력한 '다이돌핀'이 생성된다는 것입니다. 이 호르몬들이 우리 몸의 면역체계에 강력한 긍정적 작용을 일으켜 암을 공격하면 기적이 일어난다는 것입니다. 어찌 암뿐이겠습니까? 삶이 따분하고 싫어져서 죽고만 싶은 우울증 환자에게는 그야말로 명약일 듯합니다.

다이돌핀!

듣기만 해도 힘이 솟지 않습니까? 왠지 그 어감 자체가 역동적으로 들립니다. 수영선수가 높은 데서 다이빙을 할 때 하얀 물보라가 높이높이 튕겨 오르듯, 우리 내부에서 새로운 에너지가 퐁퐁 솟아나는 느낌이랄까요. 참으로 희망찬 기운이 뿜솟아 나올 것만 같습니다.

최근 성당에서 반가운 만남을 가졌습니다.

미사를 마치고 나오는데, 한 자매가 "혹시…… 안 영 선생님 아니십니까?" 하고 묻는 것이었습니다. 딱 보는 순간 오래 전의 제자임을 알았습니다. 워낙 우수한 학생이라 이름도 생각이 나서 "아, 은희!" 하고 불렀습니다. 그 제자가 얼마나 좋아하던지요. 우리는 짬을 내어 점심을 같이 하면서 해묵은 이야기를 나누었지요. 82년도 제자라니 자그마치 25년 만의 만남입니다.

그네는 즐거웠던 여고시절 추억담 끝에, 그 날의 이야기를 덧붙였습니다. 뒷줄에서 나를 보고, 긴가민가하여 자꾸 바라보는데 성가대의 특송이 끝나자 미사 중임에도 불구하고, 내가 이층 성가대석을 바라보며 소리죽여 박수를 보내는 바람에 확신을 했다는 것입니다.

"선생님은 늘 밝게 웃으며 소녀처럼 작은 것에도 감동하고 기뻐하셨거든요."

그 말이 내게 다이돌핀을 솟게 했습니다. 체력의 나이, 시력의 나이, 기억력의 나이…… 등등 다 쇠약해졌어도 '감동의 나이'만은 아직 건재하니 이 얼마나 다행입니까. 나는 믿습니다. 작은 일에 감동하는 것도 주님이 주신 축복임을. 하느님, 감사, 감사합니다.

2008년 3월

맨발의 성모님

　나는 고등학교 때부터 종교에 관심이 많았습니다. 늘 영혼이 허허로워 누군가에게 의지하고 싶었습니다. 친구 따라 예배당에도 가보고, 원불교당에도 다녀 보았습니다. 어딜 가나 좋은 말씀이 있어 위로도 받고 힘도 얻었습니다. 그러나 마지막까지 채워지지 않는 2% 때문에 안주하지 못하고 도중하차, 도중하차를 거듭하며 수년의 세월을 보냈습니다.

　그러다가 대학을 졸업한 뒤, 어느 날 성당 옆을 지나게 되었는데, 나도 모르게 안으로 들어섰습니다. 그 당시 성당이라 하면 내게 두 가지 이미지로 떠오르는 곳이었지요. 하나는 멀리서 보아도 우뚝 돋보이는 고딕식 첨탑, 그리고 다른 하나는 새벽마다 들려오는 은은한 종소리…… 그 이미지가 경건하고 그윽해서 은근히 가보고 싶은 곳이었지만 예배당이나 원불교처럼 나를 인도할 친구가 없어 기회를 잡지 못했던 것입니다.

스물두 살 나이는 이제 누구의 도움 없이 낯선 곳에 혼자도 들어설 수 있었던 모양입니다.

나는 성스러운 기운에 둘러싸인 성당 마당을 조심스레 돌다가 한 쪽에 서 있는 성모님의 석상을 보았습니다. '어머나, 아름다워라! 하늘에서 내려온 선녀 같네' 하고 생각하며 자석에 끌린 듯이 그 쪽으로 다가갔습니다. 그리고 위에서부터 아래로 차근차근 훑어 내리며 성모상을 찬찬히 바라보았습니다. 마침내 나의 시선은 성모님의 발치에 꽂혔습니다. 긴 치맛자락 끝에 살짝 나온 맨발! 성모님의 맨발은 내게 묘한 감동을 불러 일으켰습니다.

이리저리 방황하다가 밤늦게 돌아온 딸을, '어디 갔다 인제 오느냐'며 맨발로 뛰어나와 반겨 주시는 어머니의 모습. 나는 갑자기 그분에게서 어머니를 느꼈습니다. 그분이 두 팔을 벌려 나를 꼭 안아 주시는 것만 같았습니다. 어머니…… 내 볼에 뜨거운 눈물이 흘렀습니다.

그 일이 있은 후, 나는 망설임 없이 이런저런 절차를 밟고 1964년 '실비아'라는 이름으로 다시 태어날 수 있었습니다. 나중에야 알았지만 그날 성당에 들어선 것이 어찌 나 혼자의 힘이었겠습니까. 바로 하느님이 불러 주셨고, 성모님께서 불러 주셨던 것이지요.

내가 비신자와 결혼하면서, 관면 혼배를 받았던 곳도 성모님 상 앞에서였습니다. 그가 하루 속히 주님을 영접하고 나와 함께 신앙생활을 할 수 있도록 어머니께서 전구해 주시라는 뜻에서지요. 덕분에 결혼 7년 만에 영세를 한 남편은 나보다 더 열심한 성도가 되었고, 레지오 마리애 단원이 되어 성모 신심을 키웠습니다. 내 결혼 생활 중 가장 자랑스러운 일입니다.

나는 이사할 때마다 맨 먼저 하는 일이 있습니다.

십자고상과 성모님 상을 깨끗한 보자기에 싸서 고이 간수했다가, 새 집에 가면 현관에서 딱 보이는 거실 벽 쪽에 맨 먼저 그분들의 거처를 잡아 드리는 것입니다. 아버지 어머니 두 분이 그 자리에 계시지 않으면 나의 효도에 흠집이 나는 것만 같아서입니다. 그렇게 두 분을 모셔두고, 밖에 나갈 때마다 현관에 서서 "다녀오겠습니다" 인사드리고, 또 외출했다 집에 와서는 "잘 다녀왔습니다" 인사드리고 밖에서 있었던 일을 아룁니다. 기뻤던 일, 슬펐던 일, 때로 기분 나쁘고 속상했던 일도 다 아룁니다. 그러고 나면 어머니께서는 내 마음에 넘치도록 평화를 담아 주십니다.

나는 곳곳에서 발현하신 성모님의 이야기를 듣거나 책으로 읽으면서 한 톨의 의심도 없이 믿고, 그곳으로 순례하고 싶은 소망에 가득 차 있습니다. 그러나 주님께서 허락을 미루시는지 아직 루르드도, 파티마도, 과달루페도, 메주고리예도 가보지 못했습니다.

얼마나 가보고 싶은 곳인지요!

다행히 일본 아키타, 터키 에페소 등에 가서 어머니를 뵙고 왔
으니, 그것만도 감사하지요.

일찍이 어머니를 여읜 수많은 아들딸들에게 자애로운 어머니의
역할을 대신해 주시고, 주님의 구원 사업을 위해 곳곳에 나타나시
어 그때그때마다 필요한 메시지를 주시며 우리에게 기도를 요청
하시는 성모님.

그런데, 내가 안타깝게 생각하는 것은 이 좋은 성모님을 개신교
신자들은 모르고 있다는 것입니다. 아니, 더러 심한 경우에는 비방
의 대상으로 삼고 있다는 것입니다. 세상에, 이런 딱한 노릇이 어
디 있을까요. 이 세상 모든 사람이 가장 소중한 존재로 생각하는
어머니. 내 어머니는 물론 친구의 어머니도 따르며 공경하거늘, 신
앙의 대상인 주님의 어머니를 어찌 가볍게 여기고 비방의 대상으
로 삼을 수 있는지. 그래서 나는 그들을 만나면 성모님의 존재를
알리느라 열을 올리곤 합니다.

나는 요즘도 성모상 앞에 서면 성모님의 맨발에 시선을 꽂고 스
물두 살 때의 감동을 되살리곤 합니다.

2007년 7월

축하 잔치로 치러진 유아 영세

지난여름 한 달 남짓을 뉴욕주 로체스터에 있는 아들과 함께 지내다 왔습니다.

로체스터는 미국과 캐나다의 경계인 온타리오 호숫가 작은 도시로서 제록스, 코닥, 바스튬 능의 회사와 이스트만 음대가 있는 곳입니다. 오륙십 만 인구에 한인은 겨우 2천 명, 공소가 하나 있긴 한데, 멀리 버펄로의 한인 성당에서 2주에 한 번씩 신부님이 오셔서 미사를 드린다고 합니다. 저는 미사 은총 없이 한 주를 보낼 자신이 없어서 아들과 함께 미국인 성당으로 나다녔습니다. 세계 어디에서나 똑같은 미사성제를 드릴 수 있음에 감사하면서.

그런데, 나라마다 본당마다 미사성제를 드림에 있어 조금씩은 자율적이라는 느낌을 받곤 합니다. 이번에도 우리와는 다른 몇 가지를 보았습니다. 우선 성수통이 안 보여서 두리번거렸더니, 성당 입구에 물이 담긴 욕조가 놓여 있었지요. 또 정면에 주님 고상이 모셔져 있지 않아 이상히 여겼더니, 미사 시작 전 사제의 입장 때, 한 신도가 큰 나무십자가를 모시고 앞장서 들어와 제단에 세우면서 전례를 시작하는 것이었어요. 또 우리처럼 복사가 없고 그 때 그 때 필요한 때만 신도들이 올라가서 사제를 돕고 있는 점도 달랐습니다.

가장 인상적인 것은 거의 주일마다 유아 영세식을 가졌던 일입니다. 영세식을 따로 하지 않음은 물론, 어린이 미사, 청년 미사도 없어 온 가족이 함께, 그야말로 남녀노소가 함께 모여 성제를 드리는데, 공교롭게도 미사 때마다 유아 영세식이 있었어요. 아기를 품에 안은 부모와 대부모 그리고 축하객으로 온 친척들은 미사 전부터 성수통 옆에 좌악 둘러 서 있습니다. 이윽고 시간이 되면 사제가 입장하면서 엄마 품에 안겨 있는 아기 곁으로 가 이름을 부르며 오늘 있을 영세식을 소개하고 제단으로 나와서 미사를 드립니다.

그리고 강론 전에 사제는 다시 욕조 앞으로 가는데, 그 때 신도들은 일제히 그 쪽으로 몸을 돌려 앉고 사제의 말씀을 듣습니다. 사제는 이 아기야말로 '하느님의 선물'임을 강조하고, 정해진 차례에 따라 이마에 물을 끼얹고 기름을 바르며 영세식을 치릅니다. 그리고 마지막엔 꼭 사제가 아기를 안아 번쩍 들어올려 온 신도들에게 보여 주면서 하느님의 선물에 감사드리고 축하하라는 것이었어요. 그러면 신도들은 참으로 기쁨에 넘쳐서 큰 박수를 치기 시작하는 것이었습니다.

거의 주일마다 치러지는 행사지만 그들은 늘 새로운 듯, 주인공이 자기네 가족인 것처럼 사랑의 미소를 보내고 곁엣 사람과 소곤소곤 덕담을 나누기도 하면서 열렬히 박수를 치는 것이었습니다. 영락없는 잔치 분위기 자체였지요. 그뿐입니까? 사제의 양팔에 번쩍 들려 우렁찬 박수소리를 들으며 토끼 눈이 된 아이의 천진한 표정, 그리고 기뻐 어쩔 줄 모르는 부모들의 표정은 세례성사를 더욱 아름답게 장식했습니다.

그렇듯 잔치 분위기로 치러지는 유아 영세식을 보면서, 나는 문득 우리나라에서도 저런 장면을 연출한다면 젊은이들이 어서 결혼하고 싶어 하고, 아기를 갖고 싶어 하지 않을까, 하는 생각이 들었습니다. 세계 최저의 줄산율이 은근히 걱정되던 때문일까요. 아무튼 '하느님의 선물'임에 틀림없는 그 아기들이 국적도 인종도 다른 나의 열렬한 박수까지 받았으니 사회의 큰 일꾼으로 잘 자라 줄 것을 바라 마지않습니다.

2006년 9월

주님을 곁에 모시고

미국에서의 일입니다.

어느 주말, 아들이 출타 중이라 좀 이른 시간에 혼자서 토요 특전미사에 갔습니다. 신자들을 맞이하고 계시던 미국인 신부님이 낯선 저를 보자 반가이 맞아 주시면서 어디서 왔느냐 물었습니다. 서툰 영어로 대답하면서 그런 관심에 몹시 기뻤습니다.

그런데 미사 시작 전에는 더욱 저를 놀라게 하셨습니다.

"여름휴가 중이라 자주 방문객들과 함께 미사를 드리게 된다, 저 쪽에 코리안 레이디가 와있다, 환영해 주기 바란다"라고 하며 나 있는 쪽을 가리키신 것입니다.

모두들 내 쪽으로 시선을 돌려주기에 목례와 미소로 답하면서, 그야말로 하느님 백성으로 한 식구임을 강하게 느꼈습니다. 참례자가 500명은 넘는 것 같았는데, 그런 배려를 해 주시다니 놀랍고 고마웠습니다.

덕분에 기쁘게 미사를 드리면서도 짧은 영어 때문에 허둥대다 가 갑자기 한 생각이 떠올랐습니다. '나는 그냥 우리말 미사를 상 상하며 우리말로 미사를 드려야지'라고.

그러나 그 일이 생각보다 어려워 애태우다가 '사도신경'을 바칠 때에야 시침 뚝 따고 떳떳이 우리말로 외웠더니 기분이 아주 좋아 졌습니다.

그런데 잠시 후 비가 내리기 시작했습니다. 천둥, 번개, 하늘이 쪼개질 듯 뇌성벽력이 몰아쳤습니다. 조금 전까지 그렇게 좋던 날 씨가 돌변하다니…… 저는 문득 집으로 돌아갈 일이 걱정되었습니 다. 아들 차를 몰고 오긴 했는데, 저 빗속을 어찌 갈까? 낯선 이 국에서 사고라도 나면? 곧 성찬식이 시작되어 분심은 사라졌습니 다. 봉사자들이 앞으로 나가 포도주 잔을 들고 여기저기 섭니다. 성체를 받아 모신 신자들은 자리로 들어가는 도중 가까이에 서 있 는 봉사자들 앞으로 가서 포도주를 한 모금씩 마십니다. 그들은 수 건을 들고 신자들의 입이 닿은 잔 부분을 계속 닦으며 서 있습니 다. 저는 포도주의 붉은 빛깔을 보면서 갑자기 진짜 주님의 피를 떠올렸고, 그러자 눈물이 핑 돌았습니다. 주님, 우리를 위해 죽으 시고 우리의 양식이 되어주신 주님, 참으로 죄송하고 감사합니다. 당신은 나의 방패, 나의 구원…… 눈물의 은사 속에 주님과 하나

되어 도란거리는데, 곧 이어 마침성가 소리가 들렸습니다.

그러자 잠시 잊었던 걱정이 또 고개를 드는 것이었습니다. 저 빗속에 어떻게 차를 몰지? 날은 어두워지는데 사고라도 나면? 그도 그럴 것이 아들 자동차는 수동변속기 차였습니다. 언덕이 나올 때마다 행여 미끄러져 뒷차에 닿을까 신경이 많이 쓰이던 터였지요. 사람들이 우왕좌왕 하더니 둘씩 셋씩 짝지어 빗속으로 떠납니다. 신부님도 입구에서 그들을 배웅하느라 바쁘십니다. 신자들이 거의 떠난 뒤, 돌아서시던 신부님이 혼자 우두커니 서 있는 저를 보셨습니다. 그리고 궁금하신 듯 걸음을 옮겨오십니다.

그 순간, 아아, 바로 그거야. 저는 좋은 생각이 떠올라 얼른 신부님 앞으로 다가갔습니다. 그리고 서툰 영어로 자동차 몰 일이 걱정이라며 강복을 청하고 얼른 무릎을 꿇었습니다. 신부님께서는 꿇어앉은 제 머리에 손을 얹고 여러 말씀을 하셨습니다. 그 중 '여행자의 안전을 위하여'라는 말이 또렷이 들렸습니다.

아, 이제 됐어. 이렇게도 편할 수가! 저는 비를 맞으며 주차장으로 뛰어가 당당히 시동을 걸었지요. 성호를 긋고, 벨트를 매자 거짓말처럼 안정이 되었습니다. 주님이 함께 계시는데 무엇을 두려워하랴. 한 30분 거리를 달려오는 동안 여러 번 언덕에서 멈춰야 했지만 나는 시종 주님과 함께 도란거리며 무사히 귀가할 수 있었지요. 한여름 비 내리던 토요일 어둑한 저녁, 주님을 곁에 모시고 이국의 거리를 달린 소중한 체험입니다.

2006년 9월

신사임당 연재를 마치고

금년 3월에는 큰일을 하나 끝냈습니다.

2005년 1월부터 월간 〈참 소중한 당신〉에 연재를 시작했던 소설 『그 영원한 달빛, 신사임당』을 총 27회로 대미를 거둔 것입니다.

겨레의 어머니로 추앙받는 그분을 존경하지 않는 사람이 어디 있을까만, 저는 누구보다도 그분에 대한 존경과 사랑이 컸습니다. 하지만 그분을 소설화까지 하게 될 줄은 꿈에도 생각하지 못했습니다. 그런데, 해 낸 것입니다. 이건 순전히 성령의 도우심이 있었기에 가능했던 일임을 밝히고 싶습니다.

2003년 12월 소설가협회에서는 역사인물 102인을 선정하고 회원들이 한 분씩 맡아 장편소설을 쓰기로 계획했습니다. 그러나 단편만 써 왔던 저는 도무지 자신이 없어 관심도 두지 않았습니다.

그런데 2004년 여름, 협회에서는 아직도 남아 있는 15인이 있으니 어서 한 분씩 맡아 보라는 공문을 보냈습니다. 그 명단 속에 신사임당이 계셨습니다.

저는 그분 이름을 보는 순간, 가슴이 두근두근 뛰기 시작했습니다. 세상에…… 어찌하여 이분이 아무에게도 못 뽑혀 갔단 말인가. 이 분을 내가 소설화 해 드리는 게 도리 아닐까? 그러나 두려움이 앞서 용기를 못 내고 있는데 시간이 지날수록 신사임당 어머니에게 사로잡혀 아무 일도 할 수가 없었습니다. 마침내 사흘 째 되는 날, 저는 가슴 떨리는 사명감으로 협회에 통보를 했습니다. 신사임당 어머니를 제가 모셔 오겠노라고.

그날부터 저는 중앙도서관에 가서 온갖 자료를 찾아 정리하며 2004년 여름의 소문난 더위를 식혔고, 9월이 되기를 기다려 강릉을 들락거리며 자료를 모아 읽고 또 읽었습니다. 그리고 성령의 도우심을 얻고 싶어 제가 협조자로 일하고 있는 월간 〈참 소중한 당신〉 주간 차동엽 신부님께 강복을 청해 받고 소설을 쓰기 시작했습니다. 신사임당이 읽었음직한 고전을 다시 읽고, 서예, 자수, 그림 등에 대해 공부하면서 밀실의 고독한 작업이 계속되었습니다. 그런 저에게 차 신부님께서는 큰 힘을 실어 주셨습니다. 2005년 1월부터 〈참 소중한 당신〉에 그 소설을 연재할 수 있도록 배려해 주신 것입니다. 그렇게 해서 500년 전 신사임당 어머니는 무딘 저의 붓끝을 타고 2년 3개월 만에 우리 곁에 부활하신 것이지요.

연재하는 동안 많은 분들의 전화, 메일 등은 저에게 큰 격려가 되었습니다. 그 중 대구에서 사회 복지사로 일하고 있다는 어떤 자매의 말은 오래도록 가슴에 남았습니다.

"저는 보육원에서 자랐어요. 요즈음 신사임당 읽는 재미로 한 달이 기다려집니다. 그 소설을 통해서 비로소 가정교육이 무엇인지를 배웁니다. 그리고 하느님 경외하는 마음도요. 저도 결혼하면 사임당처럼 아이들을 기르고 싶어요. 정말 감사합니다."

그날의 긴 통화는, 독자의 가슴에 스며드는 문학의 힘을 보여 준 것이어서 더욱 보람 있고 뜻 깊었습니다. 무엇보다 하느님 경외하는 마음을 읽어 준 것이 기뻤습니다. 저는 드러내놓고 신사임당을 하느님 경외하는 인물로 그렸지요. 조선시대 주 종교라 할 수 있는 유교에서는 "순천자(順天者)는 흥하고 역천자(逆天者)는 망한다", "하늘은 백성을 사랑하고 성의로 다스린다"는 등의 경구를 통해 하늘을 인정하고 존중했음이 뚜렷하기에 저는 신사임당을 하늘 두려워할 줄 아는 분, 그리고 자녀를 위해 늘 기도하는 어머니로 그렸던 것입니다.

그분은 거의 두 해 터울로 일곱 자녀를 낳아 길렀습니다. 그런데도 그림, 글씨, 자수 등의 많은 예술품을 남겨, 현모양처로서만이 아니라 자아성취까지도 해 내신 분이기에 오늘까지 겨레의 어머니로 추앙을 받는 것입니다. 그분의 셋째 아드님 율곡은 과거 시험에서 아홉 번이나 장원급제한 '구도장원공'으로 정치, 경제, 교육, 철학 등에서 오늘까지 그 빛과 향기를 발하고 있고, 큰따님 매창, 막내아들 옥산 역시 그림 글씨 등으로 우리 문화계에 이름을 남긴 분들이지요. 그 어머니에 그 자녀들!

인류의 어머니로 성모님이 계신다면, 겨레의 어머니로 신사임당이 계십니다. 우리에게 이토록 훌륭한 조상이 있음은 얼마나 자랑스러운 일입니까? 가정해체가 심각한 사회문제로 떠오르는 이 시대에, 이 땅의 젊은 여성들이 행복한 가정생활, 올바른 자녀교육을 위해 신사임당 어머니를 역할 모델로 삼아준다면 참 좋겠습니다. 그런 의미에서 곧 단행본으로 나오는 이 책이 이 땅의 모든 여성들에게 사랑받게 되기를 바라는 마음 간절합니다.

2007년 3월

실수로 얻은 값진 체험

직장생활 하는 동안 버스를 놓치지 않으려고 뛰던 버릇은 언제나 없어질는지요.

퇴직한 지 7년이 지난 오늘토록 그걸 버리지 못해 결국 일을 저지르고 말았습니다. 이럴 줄 알았는지 딸들은 나에게 제발 뛰지 말라고 여러 번 충고를 했었지요. 나이 들어 가장 문제가 되는 것은 뛰다가 넘어져 골절되는 것이라고.

그 날도 버스가 저만큼 보이자 나도 모르게 뛰다가 삐끗 왼발을 접질렸던 것인데, 대번에 한 걸음도 걸을 수 없이 되었습니다. 인근 정형외과에서 사진을 찍어 보니 발등에 골절이 생겨 6주 동안 움직이면 안 된다는 것입니다. 딸이 근무하는 병원으로 실려가 깁스를 하고 입원을 했습니다. 밤새 안녕이라더니, 엊그제까지만 해도 신사임당 강의 다니느라 바빴던 내가 이렇게 될 줄이야. 그러기에 넘어지는 순간 생각했지요. '강의 다 끝난 뒤라 다행이에요. 하느님 감사합니다.'

침대에 누워 있자니 한 가지 꺼림칙한 일이 생각났습니다. 몇 년 전부터 장애인 협회에서 후원금을 요청하는 전화를 자주 받습니다. 그들의 불편을 생각하며 꼬박꼬박 넣었지요. 그런데 최근에 어떤 협회에서 황토 비누를 먼저 보내놓고 후원금을 요청하는 전화가 걸려와 조금 짜증을 냈습니다. 웬 협회가 이렇게 많으냐, 엊그제도 후원금 넣었다, 말도 없이 물건부터 보내는 건 좀 그렇다, 하면서 돈을 넣지 않았습니다. 오비이락이라고 그게 걸려 우습기도 하고 후회스럽기도 했지요.

이번 일로 가장 아쉬운 것은 미국에 있는 아들에게 못 가게 된 것입니다. 최근에 손자가 태어나 한 달 남짓 가 있기로 하고, 강의 끝나는 날짜에 맞추어 표까지 끊어둔 상태에서 변을 당한 것입니다. 그 기간 동안 꼼짝없이 갇혀 있게 되었으니 비행기표도 취소하고 마음을 비울 수밖에요.

'그래. 하느님께서 내게 휴가를 주신 거야. 아기 보다가 이보다 더 크게 다칠까봐 미리 막으셨나봐. 수술할 정도는 아니니 다행이고, 오른발 아니니 다행이고, 뒤꿈치 아니니 다행이고…… 정말 이만하기 다행이지. 감사, 감사합니다.'

불행 속에도 기쁨은 있었지요. 생활이 워낙 바빠 얼굴도 못 보던 딸들과 잠깐씩이라도 자주 볼 수 있어 좋았습니다. 어쨌건 때 되면 주는 밥 먹으며 최고의 호강을 누리다가 일주일 만에 휠체어, 목발 등의 보조기구를 가지고 퇴원했습니다. 집에 오자마자 장애인 협회에 폰뱅킹으로 후원금부터 넣었지요. 이제 좀 마음이 편안해졌습니다.

그런데 혼자서 세 끼 밥을 차려 먹는 일이 이렇게 어려운 줄 누가 알았겠습니까. 요즈음 새로 짓는 집들은 온 집안에 문턱이 없다고 들었는데 그게 현명한 것임을 이제야 알았습니다. 휠체어를 타다가 목발을 짚다가 무릎으로 기다가 엉덩이로 끌다가, 하여간 하루를 살기 위해 온갖 재주를 다 피웁니다. 왼발을 안 쓰느라 다른 곳에 힘을 주니 어깨 팔 목 안 아픈 데가 없습니다. 게다가 날씨는 또 왜 이렇게 무더운지……

장애 가족들이 눈앞에 삼삼거립니다. 휠체어 가족뿐 아니라 농아, 맹인, 보누모누 삼삼거립니다. 그들이 겪고 있는 불편을 조금이라도 이해하라고 주님께선 이런 체험을 시키는 듯합니다. 새로운 경험은 항상 다른 사람에 대한 이해의 폭을 넓혀 주니까요.

한편으로 갑자기 넘쳐 나는 시간을 잘 쓰기 위해 일과표를 짰습니다.

글쓰기를 했으면 제일 좋겠지만 발을 아래로 내려놓고 오래 있으면 퉁퉁 부어서 힘이 듭니다. 그저 다리를 높이 얹고 길게 누워서 보고 듣는 것만 가능합니다. 입체낭송 성경 듣기, 주일 복음 묵상

듣기, 평화방송 청취하기, 밀린 책 읽기, 내게 기도를 부탁한 이들을 위해 좀더 정성껏 기도하기……

구수한 성우들의 목소리로 구약성경을 듣고 있으면 한없는 상상력이 발동하여 이스라엘로 이집트로 주인공들을 따라 여행도 하고 실랑이도 하고 여간 즐거운 게 아닙니다. 신약까지 다 듣고 나면 6주가 무난히 가겠지요. 신구약을 통독할 수 있는 절호의 기회라며 기뻐하고 있습니다.

무더위에 이게 웬 고생이냐고 짜증을 낸들 달라질 건 하나도 없지요. 즐거운 마음으로 일과표대로 움직이다 보니 하루가 훌떡훌떡 갑니다.

모처럼의 긴 휴가, 남은 기간 동안도 허송세월 되지 않기를 주님께 간청해 봅니다.

2007년 10월

귀한 선물을 받고

50일 넘게 깁스를 한 채 무덥고 긴 여름을 보내고 나니 가을이 되었습니다.

'마르타'처럼 이리 뛰고 저리 뛰는 나에게, 주님께선 '마리아'의 삶이 더 소중한 줄 모르느냐며 세 왼쪽 발을 섭실리게 하시고, 꼼짝 없이 두 달 남짓 집안에 가두어두셨습니다. 다치기 며칠 전 입체낭송 성경 시디를 사다 두었던 것도 우연은 아닌 듯합니다. 글쓰기도 할 수 없고, 듣는 것만 가능했으므로 날마다 한 편 한 편 듣다보니 구약, 신약을 다 들었습니다. 마지막 묵시록 끝자락에서 "목마른 사람은 오너라. 원하는 사람은 생명수를 거저 받아라" 하시고, 이어서 요한 사도의 외침 "아멘, 오십시오, 주 예수님!" 소리가 들리자 무기력한 저에게 엔돌핀이 솟는 것 같았습니다.

때가 차 깁스를 풀던 날, 한껏 기대에 부풀었지만 발은 멍청이가 되어 단 한 발짝도 뗄 수가 없었습니다. 주치의는 그동안 신세 졌던 휠체어는 고만 타고 어쨌든지 걸어야 한다며 엄포를 놓았지만 휠체어만 타고 싶었습니다. 의사 선생님 말씀대로 혼자서 더운 물 찜질, 발등 문지르기, 발가락 앞뒤로 꺾기, 걸음마 연습 등 물리 치료를 열심히 해서 10월 초 첫 외출을 했습니다.

노원구 선지자의 모후 꼬미시움 피정에서 부족한 사람을 강사로 초대해 주셨기 때문입니다. 지난 7월 약속한 것이라 도저히 사양할 수가 없어 지팡이를 짚고 가는데, 전과 같이 버스로 전철로 이동할 수가 없어 콜택시를 이용하기로 했습니다.

아, 콜택시가 이렇게 좋은 줄 몰랐습니다. 왠지 그건 나와는 거리가 멀다 생각하고 버스, 지하철만 즐겨 타던 내게 콜택시가 그렇게 고마운 존재일 줄이야! 분당에서 의정부 한마음 청소년 수련원까지 소요시간은 1시간 20분, 요금은 5만원. 가는 도중 기사님과 하느님 이야기하며 선교까지 할 수 있었으니 얼마나 감사합니까.

그런데 더 감사할 일이 생겼습니다. 두 시간 강의를 마치고 여러 형제자매님의 감사 인사를 받으며 나오는데, 한 형제님이 다가오시더니 귀한 메달 하나를 선물로 주시는 것이었습니다. "그동안 레지오 마리애에 글도 써 주셨고, 오늘 불편한 몸으로 나와 주셨으니 감사의 뜻으로 이걸 드립니다. 이건 레지오 회합 때 세워 놓는 깃대 '벡실리움'을 축소해서 만든 메달입니다"라는 다정한 말씀과 함께.

나는 그 메달이 너무 예쁘고 좋아서 넙죽 받았습니다. 정말 행복하고 감사했습니다. 그러고 있자니 휴대폰이 울렸습니다. 콜택시 기사였지요. 바로 나를 실어다 준 기사님이 동료 한 분을 끝나는 시간에 맞추어 그 골짜기까지 보내 주신 것입니다. 감사, 감사!

그런데 집에 돌아와 쉬고 있자니 자꾸만 아까 받은 메달이 예사물건이 아니라는 생각이 들었습니다. 만지고 또 만지다가 결국 꼬미시움 단장에게 전화를 넣었습니다. 우선 초대해 주신 것에 감사의 인사를 드리고, 그 형제분을 찾아 주시면 좋겠다는 부탁을 드렸지요.

얼마 후, 그 형제님의 전화를 받았습니다. 하계동 본당의 꾸리아 단장이신 김성권 요셉 님.

그분은 성모님께 무언가를 드리고 싶어 고심하던 중, 갑자기 꿈에서 이 도안이 떠올라 메달로 제작하기로 결심했답니다. 3개월 동안 도면이 안 나와 끙끙대다가 마침내 완성하고 제작해서 선서하신 단원들이 갖게 되었다는 것입니다. 모두들 좋아하고 소중하게 여겨, 지도 신부님과 세나투스 단장에게 드리고, 멀리 소록도 강길웅 신부님께서 레지오를 결성했다는 소식을 듣고 그곳까지 찾아가 단원들 수대로 드리고 왔다는 것입니다.

아아, 그렇게 귀한 메달을 제가 받은 것입니다. 뻔히 아는 도안이지만 마음에 드는 메달을 만들고자 크기며 도면 등에 신경 쓰느라

3개월을 노심초사했을 형제님의 정성이 어린 선물!

　'나는 레지오 군단으로 일한 적이 없는데 이렇게 귀한 선물을 받아도 되는 것일까?'

　성모님께, 그리고 그 형제님께 부끄러운 생각이 들었는데, 문득 레지오 단원으로 20년 넘게 일하다가 귀향한 남편 은영배 스테파노 생각이 났습니다. 그의 공로를 보시고 성모님께선 나에게도 이토록 귀한 선물을 받도록 허락해 주신 것일까요?

　주님, 오늘 하루 이 모든 일에 감사, 감사 드립니다.

2007년 11월

오묘하신 하느님

지난 6월 23일 아침 9시, 은행 창구로 달려가는 저의 가슴은 몹시 설레었습니다.

가능하면 첫 손님으로 출금하고 싶었는데, 저보다 빨리 와서 새로 나온 화폐를 바꾸어 간 사람이 셋이나 된다고 했습니다. 그 말을 듣는 순간, 샘이 나기보다는 기분이 좋았습니다. 그것은 새 화폐에 대한 국민적 관심이 그만큼 높다는 뜻이니까요.

저는 신사임당 초상이 그려진 오만 원권 화폐를 받아들고 감회에 젖었습니다.

2004년, 신사임당을 소설로 쓰도록 저를 이끌어주신 하느님. 2005년부터 교회 잡지 〈참 소중한 당신〉에 연재토록 하시더니, 연재가 끝난 2007년 봄, 단행본 출간을 서둘러 주신 하느님. 때마침

국가에서 오만 원권 화폐의 주인공을 물색하자 신사임당 편을 들어주신 하느님. 바로 그 돈이 세상에 나와 첫 대면을 한 것입니다.

저는 새 화폐를 거실 고상 앞, 성모상 앞에 얹어 놓고, 머리 숙여 감사의 기도를 드렸습니다. 이 소설은 제 힘으로가 아니라 주님의 도우심으로 쓰인 소설이니까요. 사실 신사임당을 소설로 쓸 생각은 꿈에도 없었습니다. 오직 소설로 쓰고 싶은 분은 백색 순교자 최양업 신부님. 발이 부르트도록 전국을 누비며 흩어져 있는 양 떼들을 돌보시고, 밤이면 지친 몸으로 희미한 등잔불 아래서 어른 신부님들께 라틴어로 편지를 쓰며 고독을 달래시던 최양업 신부님. 그 편지들을 눈물로 읽고 또 읽으면서, 이분을 소설로 써서 널리 알리리라 온갖 자료를 모았었습니다.

그러나 하느님께선 그 일을 제게 허락지 않으셨습니다. 뜻밖에도 신사임당 어머니를 제 가슴에 밀어 넣고 사명감을 불어넣어 주셨습니다. 이 소설은 결코 혼자 쓰지 않았습니다. 막힐 때마다 기도 드렸고, 미사 드렸고, 성체 모셨고, 신부님의 강복을 받았습니다. 그러니 이 소설은 분명, 성령께서 함께해 주신 선교 소설이요 복음 소설입니다. 저는 말합니다. 인류의 어머니로 성모님이 계시다면 겨레의 어머니로 사임당이 계시다고.

500여 년 전 그분이 통달했다는 유교 경전에는 순천사상(順天思想)이 가득했으니, 그 하늘은 바로 오늘날의 하느님이요, 하늘을 경외하며 근면 성실하게 살았던 그분은 누가 뭐래도 익명의 크리스찬, 하느님의 사람입니다.

눈물나게 효성 지극한 딸로서, 남편을 지혜롭게 이끈 아내로서, 태교 때부터 자녀교육에 모범을 보인 어머니로서, 그리고 7남매를 기르며 48세 짧은 생애 동안 시문, 서예, 그림, 자수 등으로 자아실현을 이룬 한 개인으로서, 향기롭게 살다 가신 어머님.

그런 어머님이 계셨기에 대학자 율곡의 학문을 비롯하여 큰따님 매창의 그림, 막내아드님 옥산의 서예 등이 우리 문화계에 빛을 남길 수 있었다고 확신합니다.

어쨌거나 소설 출간 이후, 여기저기 불려 다니며 신사임당 특강을 해오다가, 마침내 화폐가 나오는 6월에는 평화방송 특강에까지 불려갔습니다. 서툴고 모자라는 사람이 신사임당 어머니 덕분에 가지가지 과분한 호사를 누린 셈입니다. 방송이 나간 뒤, 많은 사람의 전화를 받았습니다. 그 중 50년 전 고등학교 시절 짝꿍의 전화가 저를 놀라게 했습니다. 그냥 신자가 아니라 수녀님이 된 농장이었지요. 긴 세월 동안 서로 다른 삶을 살았지만 똑같이 하느님을 향한 삶이었음에 얼마나 기뻤는지 모릅니다.

문득 토마스 머튼의 시간에 대한 묵상 글 한 토막이 생각났습니다.

"시간의 일들은 영원과 은밀히 공모하네."

2009년 8월

조상님들께 아룁니다

여러 조상 어르신들께 인사 올립니다.

저는 1967년, 행주 은 씨, 그 중에서도 고부 은 씨 가문으로 시집온 사람입니다.

저는 가톨릭 신자로서 관면 혼배를 받고 비신자와 결혼해, 홀로된 시어머님을 모시고 4대조까지 제사를 드리며 없는 살림에 신경을 많이 썼습니다. 다행히 친정에서도 늘 제사를 모셨고, 가톨릭에서도 봉제사가 우상숭배가 아닌 조상에 대한 공경임을 인정해 시댁 어른들과 아무 마찰 없이 제사를 지내왔습니다.

그런데 박정희 대통령 정권 당시 '가정의례 준칙'을 내놓아, 2대조까지만 제사를 드리도록 권했습니다. 당시로서는 상당히 파격적인 그 준칙이 발표되자, 나이 드신 어르신들은 혀를 끌끌 찼지만,

넉넉지 못한 살림에 한 달 걸러 돌아오는 제사 때문에 한숨쉬던 종 갓집 아낙네들은 속으로 쾌재를 불렀을 것입니다. 어쨌거나 저는 변화에 순응한 공직자 남편 덕분에 설 추석 차례와 2대조까지의 제사만 지내는 행운을 누렸습니다.

남편은 주일마다 저를 따라 성당에 다니다가 가톨릭이 보편적 진리임에 확신을 갖고 7년 후 입교하여 열심히 신앙생활을 했고, 시어머님께서도 어느 날 장례미사를 구경하시고는 '나도 죽으면 저렇게 하고 싶다'는 의사를 표시해 '데레사'라는 이름으로 영세 하고 떠나셨습니다.

그 뒤, 남편은 직장생활에 허덕이는 저를 불쌍히 여겼음인지, 아니면 미사의 은총을 알았음인지, 기제사는 미사로 대신하고, 설 과 추석 차례만 집에서 모시자고 했습니다. 저는 새해 달력을 받으 면 맨 먼저 조상님들의 기일과 가족들의 생일을 표시해두었다가, 낭일 날 경건한 마음으로 첫새벽에 나가 미사를 드리고, 설과 주석 에는 며칠 전부터 정성껏 제수를 준비해서 당일 이른 아침 차례를 모셔왔습니다.

그러던 중 남편이 십 년 전 암으로 세상을 떠났습니다. 그와 때 를 같이하여 3남매도 제 갈 길을 가고 혼자만 남았지만, 늘 하던 대로 기일을 챙겨 미사를 드리고 명절이면 손수 제수를 장만하여 차례를 올렸습니다. 뿐만 아니라 남편이 하던 대로 추석 전에는 당숙들과 함께 고부 고창 등지에 흩어져 있는 6대조 묘소까지 벌초를 하고, 매년 한식 때와 추석 때 성묘를 하면서 선영을 돌보고 있습니다. 장손인 아들이 해외에 나가 있어 그 일의 총책임도 제가 맡게 된 것이지요.

그런데, 새천년을 맞으면서 또 다른 변화의 물결이 일었습니다. 모두들 바쁘다며 만들어 놓은 음식을 사서 제사를 지내는 사람도 많고, 더러는 제사상에 놓을 음식 전체를 맞춤으로 구입하는 경우도 있다고 합니다. 더 놀라운 것은 그 음식들이 당일 만든 것이 아니라 배달받아 상에 올리려고 보니, 상해 있어서 난처했다는 말도 들립니다. 그뿐이 아닙니다. 명절 연휴 동안 가족여행을 떠나는 경우가 허다해서 어떤 사람은 여행지에서 차례를 모신다고도 합니다.

이런 말을 들을 때마다 과연 그렇게 드리는 제사가 의미가 있는 것인지, 혼돈이 왔습니다. 의외로 조상님들께선 화려한 제수거리에 눈이 즐겁고, 설악산으로 제주도로, 더 나아가서는 해외여행까지 즐기게 되어 좋으실 수도 있을 텐데 말입니다.

이래저래 저는 요즈음 딱 40년을 해온 그 일에 회의가 들기 시작했습니다. 그도 그럴 것이 언제부턴가 시댁 당숙들도 명절 차례에 참석하지 않습니다. 그들도 일가를 이루었고, 부모님이 돌아가셨으니 단독으로 차례를 모셔야 하기 때문이지요. 제사나 차례란 후손들이 모여 조상을 추모하고, 정담을 나누며 우애를 다지는 것에

의의가 있을진대 혼자서 지내고 있자니 이건 아니다 싶었습니다.

이러한 때, 마침 저희 성당에서는 조상들을 위해 명절 차례상을 준비하고 새벽 6시, 아침 8시, 11시 등 세 번의 미사를 통해 분향재배할 수 있도록 배려했습니다. 몇 년 전부터 현대인의 생활을 고려해 마련한 이 미사는 크게 호응을 얻고 있었지만, 저는 왠지 조상님들께 죄송스러운 마음이 들어 이른 아침 집에서 지내는 차례를 고집했습니다.

그런데, 조상님들이시여.

저는 금년부터 과감히 용단을 내렸습니다. 아무리 생각해도 혼자 지내는 제사보다 여러 사람이 함께 모여 기도하며 경건한 미사를 드리는 게 더 나을 것 같았기 때문입니다. 게다가 제수 장만 비용이 어려운 이웃을 위해 쓰이게 되니 더욱 의미 있는 일이 아닌가 합니다. 그리고 더 큰 이유가 있습니다. 가톨릭에서 배운 교리에 '모든 성인의 봉공'이란 말이 있지요. 여기서 성인은 믿는 사람늘, 즉 성도들이라고 생각하시면 됩니다. 우리 교회는 지상교회, 연옥교회, 천상교회 등으로 나뉘는데, 이 안에서 모든 성도들의 기도와 공로가 서로에게 다 통해서 좋은 결과를 가져온다는 것입니다.

조상님들께선 그리스도를 알지 못해 신앙은 없었지만 양심에 따라 살다가 돌아가셨을 것이므로 적어도 지옥에는 계시지 않으리라 믿습니다. 혹시 연옥에 계신다면 저희의 기도와 공로로 하늘나라에 드실 수 있으니 얼마나 은혜로운 일입니까. 게다가 제가 교회에 더 감사하는 것은 돌아가신 분들을 위해 11월을 위령성월로 정하고 미사와 함께 연도를 바쳐 드리는 것입니다. 아직도 연옥에서 단련하고 있는 조상이 계시다면 후손들의 기도에 힘입어 천상교회에 들 것을 믿어 마지않습니다.

조상님들이시여, 40년 전통을 바꾼다는 건 정말 어려웠습니다. 그러나 심사숙고하고 실행한 일이오니, 송구스럽습니다만 부디 저의 결단을 섭섭해 마시고 기뻐해 주소서.

안 영 올림

2008년 11월

연옥 영혼을 위하여

예수를 그리스도로 고백하는 사람들을 기독교인이라고 하지요. 그러나 그 속에 속하는 두 갈래, 개신교와 천주교의 다른 점은 무엇일까요. 그들에겐 없고 우리만 있는 것, 그것이 저에게는 큰 위로가 되고 자랑거리가 됩니다.

사제가 있어 미사성제를 드릴 수 있다는 것. 세계 어디를 가서도 같은 형식으로 낯설지 않게 미사를 드릴 수 있다는 것. 미사를 통해 성체를 영함으로써 영혼의 양식을 얻을 수 있다는 것. 고해성사가 있어 지은 죄 때문에 꺼림칙했던 마음을 한 방에 날려 버릴 수 있다는 것. 구세주의 어머니 성모님을 우리의 어머니로 모시고, 슬픈 일 괴로운 일 다 아뢰며 응석을 떨 수 있다는 것. 그리고 연옥 영혼을 위한 연도가 있어 조상을 위해서 열심히 기도할 수 있다는 것. 이 모든 것들은 얼마나 큰 축복이며 위로인가요.

저는 고려 말, 우리나라에 처음으로 유학을 받아들인 안 향 선생님 27대 후손으로 철저한 유교 가정에서 자랐습니다. 그런데도 무언가 더 확실한 종교를 갖고 싶어 대학 졸업 뒤 천주교에 관심을 갖고 공부해서 그리스도인이 되었습니다. 그 뒤 친정 식구들에게도 복음을 전하고, 외교인과 결혼해 시댁에도 복음을 전해서 늦게야 성가정을 이루었지요.

그러다 보니 신앙 전통을 가진 구교 집안 식구들이 부러울 때가 많습니다. 몇 대째 구교집안이다, 조상 중 누구는 순교 성인이다, 집안에 사제 수도자가 몇 명이 나왔다, 라는 말을 들을 때면 조금 주눅이 들기도 합니다.

그러는 가운데 은근히 걱정이 생겼습니다. 저를 무척 사랑해 주시던 조부모님, 그리고 부모님, 그분들이 그리스도를 모르고 돌아가셨으니 지금 어디에 계실까? 물론 그분들이 유교의 순천사상(順天思想)에 근거하여 양심에 따라 사셨으니 구원을 받았으리라 생각하면서도 확신할 수는 없었기 때문입니다.

그러던 차에 몇 년 전, 우리 교회 안에서 환시를 보고 예언을 잘하는 분으로 알려진 김민경 루시아 자매님으로부터 조상을 위한 기도를 드린 적이 있느냐는 질문을 받았습니다. 아아, 저는 해도 너무 했지요. 그분들을 그리워할 줄만 알았지 그분들을 위해 마음

먹고 기도를 드린 적은 없었습니다. 그런 자신에게 큰 실망을 한 저는 그날부터 작정을 하고 꼬박 일 년 동안 조상을 위해 연도를 바치기 시작했습니다. 그리고 연도의 마지막 날에는 그분들을 위해 예물을 봉헌하고 정성껏 연미사를 드렸습니다.

사도신경의 한 구절, '모든 성인의 통공을 믿으며'는 무엇을 의미할까요. '성인'이라고 하니까, 마치 시성된 사람만 지칭하는 것 같지만 사실은 지상교회, 연옥교회, 천국교회에 살고 있는 '모든 사람'을 말하는 것이고, '통공'이란 그들의 공로가 서로 통한다는 말이라고 배웠습니다. 그렇다면 제가 드리는 기도가 연옥 영혼에게 도움이 된다는 뜻이지요. 그런 교리 지식을 배운 사람이 그 지식을 써먹지 않고 있었으니 바보가 따로 없지요. 아마도 연옥 영혼들은 지상교회에 있는 우리들의 기도를 먹고 하루 속히 천국에 이르기를 바라고 있을 텐데, 그걸 몰라주니 얼마나 답답하고 원망스러웠을까요. 거기에 생각이 미치자 기도를 게을리 할 수가 없었던 것입니다.

아무튼 꼬박 일 년 동안 조상을 위한 연도를 바치고 나서야 마음이 편안해졌습니다. 하느님께서는 저의 공로를 인정해서 그분들을 구원해 주셨겠지요?

2009년 11월

귀향입시

어쩌다 자신의 삶을 돌아보면 후회스러운 일도 많지만 더러는 기특한 일도 있습니다.

내가 잘했다고 생각하는 일 중 하나가 퇴직과 더불어 '성경공부'를 시작한 것이지요. 정년을 몇 해 앞두고 1999년 3월 명예퇴직을 했는데 마침 우리 본당에서 '성서 40주간'을 시작한다는 것이었습니다. 기회를 놓칠세라 얼른 신청해 매주 월요일 저녁 8시부터 10시까지 일 년 동안 수강했습니다. 부끄러운 일이지만 그때까지 성경 한 번 제대로 완독하지 못했음을 고백합니다. 고등학교 교사 생활이란 학생들의 대학입시 준비와 맞물려 새벽부터 밤까지 종종 걸음을 치는 터라, 다른 일에 신경을 쓸 수가 없었던 것입니다.

어쨌건 퇴직과 더불어 성경 공부하는 학생이 되었고 일 년 만에 수박겉핥기로나마 신구약을 떼었습니다. 그 일이 어찌나 뿌듯하던지, 그 여세를 몰아 더 공부하고 싶었습니다.

다음 해, 새천년을 맞아 '성바오로 딸 통신성서 교육원'에 등록을 했지요. 꼬박꼬박 등교하지 않고도 배울 수 있다는 게 상당한 매력이었습니다. 학기마다 교과서와 함께 여러 권의 문답지 공책을 보내오고, 그것을 매월 가득 채워 우송하면, 한참 후 채점이 된 내 문답지 공책이 돌아왔습니다. 몇 점을 맞았나 보는 것도 재미있고, 채점자가 써준 몇 줄 글을 읽는 것도 즐거움이었지요. 매일 성경을 읽고, 숙제를 하고, 기일 내에 우송을 하고, 심지어는 외국 여행 중에도 숙제를 해서 기일 내에 우송하면서 나는 몇 번이고 혼잣말을 하곤 했습니다. "잘했어. 시작하기 정말 잘했어."

세월은 잘도 흘러 구약, 신약 6년 과정을 졸업했고, 지금은 바오로 영성공부 중에 있습니다.

내가 만든 단어 중에 '귀향입시'라는 말이 있습니다. 그동안 숱하게 입시를 치르며 살았지요. 우리 시대에는 중학교 입학 때도 입시를 치렀습니다. 한국동란 후 전력이 취약한 때라, 촛불을 켜고 담임선생님 지도 아래 단체 공부를 했지요. 6학년 어린이들이 밤늦게 떼를 지어 집으로 돌아오던 기억도 생생합니다.

그 뒤 고등학교 입시, 대학교 입시를 치렀지요. 흔히 대학입시가 가장 어렵다고 합니다. 그러나 그 다음으로 더 어려운 취직입시가 있었고, 그보다 더 어려운 결혼입시가 있었습니다.

그것으로 모든 입시는 끝나는 줄 알았어요. 그런데 나이 들고 보니 세상에서 가장 어려운 입시가 아직 남아 있었습니다. 바로 죽음입시입니다. 나는 이제 마지막으로 그 어려운 죽음입시를 기다리고 있습니다.

그런데 죽음은 우리를 세상에 내 보내신 하느님의 나라, 즉 나의 본향으로 돌아가는 것이므로 '귀향입시'라는 말을 만들어 보았습니다. '죽음입시'라는 말보다 훨씬 정겹지 않습니까? 경로 우대를 받고 있는 나는 목하 귀향입시 수험생이 되었습니다.

그런데 하느님 나라에 입학하기 위해서는 무슨 준비가 필요할까요?

선행, 봉사, 선교 등의 단어가 떠오릅니다. 아울러 하느님 말씀을 얼마나 실천하며 살았는가, 이것이 관건이 되리라 싶습니다. 말씀을 실천하려면 우선 성경에 무어라고 쓰여 있는지 제대로 알아야 하겠지요. 매일 성경을 꼬박꼬박 읽고 베끼고 묵상하면서 답안지를 채우다보니 내 삶에도 변화가 왔습니다. 아, 이 말씀을 진작 알았더라면…… 하고 지난 삶을 성찰하는 경우가 많아졌습니다. 그러다 보니 주님과의 대화 시간이 늘고, '성경공부'야말로 귀향입시 수험생에겐 필수과목이라는 생각이 듭니다.

오늘도 주님 말씀을 들으며 나를 성찰하고, 이웃을 위해 봉사할 수 있는 기회를 기다리고 있습니다. 사실 선행이라는 것도 내 뜻대로 할 수 있는 것은 아닙니다. 성령께서 내 마음을 움직여 주시지 않으면 좋은 것인지 뻔히 알면서도 실천이 어렵습니다.

내가 퇴직 후 바로 성경공부를 시작했던 것도 분명 성령의 이끄심 덕분이 아니었을까요?

감사합니다. 성령님, 필요한 때마다 제 마음에 오소서!

2007년 7월

내 생애 마지막 졸업식

고등학교 때로 기억합니다.

사회 명사들을 대상으로 한 "당신에게 가장 감명 깊었던 책은 무엇입니까?"라는 질문에서 『성경』이라고 쓴 답을 심심찮게 대할 수 있었습니다.

나는 그 때마다 왜 하필 성경인가, 그보다 더 감명 깊은 책이 얼마나 많은데…… 조금은 의외라는 듯, 이게 정말 그들의 진심일까, 라고 생각하곤 했었습니다. 나에게는 셀 수도 없이 많은 감동적 문학작품이 떠올랐기 때문입니다. 아울러 아무리 성경을 읽으려고 자세를 가다듬고 앉아도 아무 재미가 없어 서너 장을 못 읽고 덮어버렸기 때문입니다.

그런데 뒤늦게 이순(耳順)이 되어서야 그 답변이 조금도 거짓이 아니었음을 이해하게 되었습니다. 성경 속에는 소설보다 재미난 이야기, 감동적인 이야기, 지혜로운 이야기가 가득했습니다.

그래서 오랜 교직생활에서 물러나온 나는 맨 먼저 시작한 것이 성경공부였습니다.

본당에서 '성서 40주간' 학생이 되어 말씀에 맛들인 나는, 그 여세를 몰아 바로 성바오로 딸 수도회 부설 '통신성서 교육원'에 등록해 공부를 계속하다가 지난 2월 졸업식을 가졌습니다. 구약 신약 초급 2년, 중급 4년, 바오로 영성 2년, 도합 8년의 전 과정을 이수한 것입니다. 입학 동기는 1,600여 명이었는데 졸업생은 십분의 일쯤 되어 보였습니다.

그 날, 강의를 맡아 주신 민남현 수녀님은 진심으로 우리를 치하해 주셨지요.

"여러분은 스포츠 선수로 치자면 마지막 지점에 '골인'한, 지구력이 대단한 선수들입니다. 대개 어떤 일을 처음엔 호기심 삼고 시작하지만 끝까지 가긴 어렵지요. 끝까지 남아 하느님을 기쁘게 해 드린 자, 이것 자체가 하느님께 영광 드리는 것입니다. 정말 축하합니다."

아닌 게 아니라, 자그마치 8년을 하느님 말씀 공부하는 학생으로 살아오다가 종심(從心)을 바라보는 나이에 졸업식을 한다고 하니, 며칠 전부터 설레었습니다. 주말을 이용해 1박 2일로 연수를 마치고 졸업식을 하게 되어 있었습니다. 달력을 보고 또 보면서 아무리 바빠도 이 날은 꼭 참석하리라 별렀습니다.

2월 16일, 연수 장소인 정동 프란치스코 회관에 도착한 것은 정확히 8시 반. 이상하게도 공기가 썰렁했습니다. 이게 어찌된 일인가. 영하의 날씨에 새벽부터 일어나 한 시간을 버스로 달려왔고, 찬바람 맞으며 광화문에서부터 걸어왔는데, 어디 쉴 곳 하나 없었습니다. 한참을 기다렸다가 사무실에 알아보니 아아, 이럴 수가! 오후 2시부터라는 것이었습니다.

그 황당함이라니! 오래 전에 온 공문을 다시 보고 오지 않은 게 잘못이었습니다. 해마다 한 번씩 연수를 하는데 늘 9시부터였으니 으레 그런 줄 알고 나온 게 실수였습니다. 마냥 설레며 기다렸던 결과인 듯싶습니다. 장장 5시간을 어디서 기다린담. 나는 하릴없이 집으로 돌아오고 말았습니다. 날씨는 춥고, 그냥 가지 말까, 하는 유혹도 들었지만 이 졸업이 어떤 졸업이냐, 내 생애 마지막 졸업이 아니냐며 다시 나갔습니다. 버스를 타고 왔다갔다, 그러는 동안 줄곧 바오로 사도의 선교 열정에 대해 생각했습니다.

아, 바오로 사도!

열두 사도 중에 들지도 않으면서 그토록 열정적으로 선교에 임했던 분. 무서운 살기를 가지고 그리스도인들을 박해하다가 다마스쿠스 체험으로 180도 회심하여 온 이방인에게 복음을 전하고, 마침내 나에게까지 주님을 알게 해 주신 분. 2천 년 전에 눈물로 쓴 그분의 편지는 조금도 퇴색하지 않고, 바로 이 시대, 바로 나에게

까지 감동적으로 전해지고 있으니 그 생명력에 놀라울 뿐이지요. 그리스도 예수님을 알고 나서는 이전에 누리던 모든 것을 쓰레기로 여겨 과감히 버릴 수 있었던 사도 바오로! 그분은 이제 나의 스승이요, 아버지입니다.

더구나 금년은 교황님께서 선포하신 '바오로 해'! 바로 그 해 벽두에 '바오로 영성 과정'을 마치게 되어 더욱 의미를 부여하게 됩니다.

내 생애 마지막 졸업식! 빛나는 졸업장을 가슴에 안고 보니 더욱 감개무량합니다. 수고해 주신 수녀님들께 감사드리며 8년간 정들었던 동창들과 인사를 나누고 돌아오는 길은 정말 행복했습니다.

집에 오자마자 주님 앞에 졸업장을 올려 드리니 빙긋이 웃으시며 말씀하시는군요.

"그렇게 좋으냐? 그럼 한 사람이라도 더 내게 데려오고, 너도 말씀 따라 복음적 삶을 살도록 하려무나."

어린애처럼 기뻐만 했더니, 주님께선 또 세 어깨에 짐을 지워주시는군요.

저는 우선 배움의 즐거움을 누구에겐가 전수하고 싶어서 우리 본당 두 쌍의 부부, 그러니까 네 분을 안내해 후배로 모시는 기쁨을 누렸습니다.

주님, 감사합니다.

2008년 4월

목요일에 생긴 일

저에게 있어 목요일은 아주 소중한 날입니다. 주님과 데이트를 하는 날이기 때문입니다. 2004년 봄, 우리 본당에 '지속적인 성체 조배회'가 생기자마자 회원이 되어, 목요일 오후 4시에서 5시까지 한 시간 동안 성체 조배실에 앉아 주님과 도란도란 대화를 나누고 있습니다.

그러다가 금년 3월부터는 목요일에 또 하나의 사명이 주어졌습니다. 저는 퇴직한 뒤 바오로딸 통신 성서 교육원에서 성경공부를 시작했는데, 8학년 전 과정을 졸업하던 2008년 2월 생각지도 않았던 말씀 봉사 자격증을 받았습니다. 이 나이에 이런 자격증이 무슨 필요람, 하며 피식 웃었는데, 뜻밖에도 그로 인하여 수녀님의 전화를 받았습니다. 우리 분당 어르신 대학인 '요한 대학'에서 말씀 봉사를 해 달라는 것입니다. 대학이 문을 연 지는 8년이 되었는데, 그 동안 성경 말씀 봉사자가 없어 통합 성경공부를 못하고, 자격증 가진 이가 나타나기를 애타게 기다렸다는 것입니다. 제가 감히 어떻게…… 너무 놀라 사양을 하다가 결국은 순명했지요. 30여 년 교단 경험을 살려 남은 힘을 말씀 전하는 데 쓰라고 부르신 하느님의 섭리가 놀랍고 송구스럽기만 합니다.

어쨌거나 저는 칠순 나이에 이름도 과분한 교수가 되어 매주 목요일 강단에 섭니다. 장롱 속에 묻힐 뻔한 자격증이 이렇게 쓰일 줄 누가 상상이나 했겠습니까?

어르신 대학생은 230여 분. 목요일 하루를 성당에서 지내며 각자 취미 활동을 하시는데, 금년부터는 첫 시간에 부족한 저로부터 말씀을 듣고 각반으로 흩어지게 되었습니다.

그런데, 지난 5월 /일 목요일에 생긴 일입니다. 어버이날을 앞두고 조카들의 저녁 초대를 받아 집을 나가면서 지갑을 찾으니 없습니다. 핸드백 구석구석을 아무리 뒤져도 없습니다. 전날 일을 곰곰 생각했지요. 명동 평화화랑에 나가 가톨릭 문인 시화전을 구경하고, 저녁을 먹은 뒤 몇 문우들과 찻집에서 차를 마셨고…… 아차, 저는 화들짝 놀랐습니다. 미리 나가 찻값을 지불하고 화장실로 갔는데, 거기다 놓고 온 것입니다.

가슴이 두근두근. 지갑 속에 온갖 카드가 다 들어있으니 큰일

났습니다. 조카에게 전화를 하고 명동 행을 서둘렀지요. 막힘없이 버스를 달리게 해 주는 전용차로에 감사하며 내내 묵주기도를 드렸습니다. 그런데 차츰 마음이 가라앉으며 믿음이 가는 것이었습니다. 주님께서 잘 지켜 주실 거야. 그 집에 들어서면 어젯밤 그 아가씨가 웃으며 "지갑 두고 가셨지요?" 하며 꺼내 줄 거야.

하지만 아가씨는 말했습니다. "못 봤는데요. 화장실은 옆집 음식점과 함께 쓰거든요." 맥이 풀렸지만 그래도 화장실 구석구석을 다 살폈습니다. 물론 없었지요. 그러자 아가씨가 음식점으로 가 보자고 합니다. 그래요. 다시 희망을 품고 들어섰습니다. 한가한 오후, 종업원 둘이만 있다가 눈을 맞추며 고개를 갸웃거립니다. 이윽고 한다는 말, "남자 것인데요?"

하하. 저는 안심했습니다. 그 지갑이 검은색 긴 지갑이라 남자 것으로 보일 수 있으니까요. 그들은 저를 의심하며 꼬치꼬치 묻습니다. 현금은 얼마나 들었느냐, 무슨 카드가 들었느냐, 저는 질문에 대답하고 손에 들려 있는 묵주를 보여 주며 말했습니다. 내가 하느님 믿는 사람이다, 내 것 아니면 안 가져갈 테니 걱정 마라. 저를 찬찬히 살피던 그들은 마침내 지갑을 건네주었습니다. 틀림없는 제 것이었습니다.

아, 하느님 감사합니다. 저는 얼른 성호를 긋고 그들을 껴안았습니다. 감사, 감사!

그런데, 그대들 신앙은 있어요? 저도 모르게 선교가 시작됩니다.

셋 중 둘은 종교가 없고, 하나는 냉담 중이라는군요.

"반가워요. 오늘을 계기로 다시 나와요. 이렇게 보살펴 주시는 하느님 품에 다시 안겨요."

다음날인 어버이날, 저는 바쁜 틈을 쪼개어 그곳에 갔습니다. 잃은 양 한 마리를 찾아드리는 일이 아버지께 드리는 효도라는 생각에 미룰 수가 없었습니다. 내가 관계하는 가톨릭 월간지 〈참 소중한 당신〉이랑 몇 가지 선교 책자를 들고 달려가 찻집과 음식점 두 곳에서 열심히 선교를 하고 왔습니다.

그 뒤부터 친구들과 명동에서 만나면 그 음식점과 찻집에 들러 식사를 하고 차를 마시고 있습니다.

주님, 씨는 제가 뿌렸으니 주님께서 거두어 주십시오.

2009년 7월

아름다운 날개 3

아
름
다
운　날
개

축복의 말로 서로에게 기쁨을

지난해에는 참으로 무덥고 긴 여름을 보냈습니다.

'무덥다'라는 말은 원래 '물'과 '덥다'의 합성어이므로 습도가 높아 온 몸이 끈적끈적해지는 더위를 말합니다. 작년 여름엔 워낙 비가 많이 와서 모두들 무덥다고 말했지만 저에게 있어선 '참으로'보다 더 강한 부사가 있다면 쓰고 싶을 정도로 진짜 무덥고 긴 여름이었습니다. 버스를 타려고 뛰다가 왼발을 접질렸던 것인데, 7주 동안 깁스를 하고 꼼짝없이 갇혀 사는 신세가 되었기 때문입니다.

덕분에 가만히 앉아서 보고 싶은 친지들의 방문을 받고 환담을 나누는 호사를 누렸습니다. 그 더운 여름, 멀리서 먹을 것을 들고 찾아와 준 친척, 친구, 제자, 대녀…… 어쩌다 안부 전화가 걸려와 사정을 말하게 되면, 시간을 쪼개고 쪼개어 땀 흘리며 저를 찾아

주는 그들이 고맙기 그지없었습니다. 더불어 누군가 아파 있으면 안부 전화로만 때울 일이 아니라 얼른얼른 방문해서 함께 시간을 나누어야겠다는 깨달음도 얻었던 값진 시간이었습니다.

그런데 대화를 나누다 보면 저를 의기소침하게 만드는 사람이 있고, 유난히 기쁨을 주고 힘을 주는 말로 저에게 생기를 주는 사람이 있었습니다. 늘 느끼는 것이지만 다시 한 번 말의 힘, 말의 생명력이 얼마나 큰 것인가를 실감하곤 했지요.

말은 분명 살아 있습니다. 우리는 누군가의 말 한마디로 꿈을 성취하기도 하고, 꺼져가는 생명을 소생시키기도 하고, 반대로 평생 가슴에 상처를 입기도 합니다.

제가 문학을 하게 된 첫 동기는 초등학교 3학년 때 담임선생님의 말씀 한마디에서였습니다. 당시 글쓰기 시간이었는지, 고향에 계시는 조부님께 올리는 제 편지를 학생들에게 읽어 주시며, 환한 얼굴로 "넌 문학을 하면 좋겠구나"라고 말씀하셨던 것입니다.

칭찬의 말, 축복의 말 한마디는 그 사람을 변화시키고 발전시킵니다. 그 사람만이 아닙니다. 칭찬의 말, 축복의 말을 할 때는 자신도 얼굴 표정부터 밝아져서 기쁘고 행복해집니다. 좋은 말을 하면서 얼굴 찌푸리는 사람은 한 번도 본 적이 없지요?

깁스를 하고 꼼짝 못하는 저에게 건넸던 친지들의 몇 마디 말을 소개합니다.

"허허, 내 얼굴이 보고 싶어서 아팠지? 서로 바쁘니까 얼굴 못 본 지가 벌써 얼마야?"

"하도 바쁘게 돌아다니니까, 하느님께서 휴가를 주셨군. 마르타 도 좋지만 이제 마리아 노릇도 좀 해 보라고."

"교회 일 열심히 하니까 하느님께서 더 쓰시려고 말씀으로 무장 까지 시켜 주시려나보다."

그도 그럴 것이 아무것도 할 수 없으니까 매일 평화방송 말씀 강의 시청, 성경 듣기 등으로 시간을 보내고 있었기 때문입니다. 발을 다치기 일주일 전쯤 입체낭송 성경 시디 한 질을 사다 두었던 것도 결코 우연이 아닌 듯싶었습니다.

"아니, 왜 다쳤어? 조심하지! 한 번 다치면 자꾸 다치는데……"

"큰일 났다. 이제 봉사도 못하겠네. 나이가 있어 오래 갈 텐 데……"

"아니, 하느님도 무심하시지. 열심히 교회 일 하고 다니는 사람 한테 왜 이런 아픔을 주신담!"

과연 어떤 말이 제게 힘을 주고 위로를 주었을까요?

"축복해 주는 이는 자기도 흡족해지고 마실 물을 주는 이는 자 신도 흠뻑 마시게 된다"(잠언 11,25).

2008년 1월

아름다운 날개

설 연휴가 끝난 다음날이었습니다.

조카들이 세배를 와서 한참 신나게 놀고 있는데, 벨 소리가 나서 나가보니 경비 아저씨가 세금 고지서 같은 것을 하나 건네주십니다. 아니, 정초부터 무슨 고지서? 지금은 세금 낼 때가 아닌데?

이상히 생각하며 살펴보니, 뜻밖에도 세금 환급통지서였습니다. 어머나, 살다 보니 이런 일도 있구나, 하도 기뻐서 헤헤거렸더니, 조카들은 그 돈으로 냉장고나 하나 바꾸라고 합창을 했습니다. 그도 그럴 것이 냉장고가 하도 오래 돼 겉보기도 초라하고 더구나 속 서랍은 깨어져서 테이프로 붙여 놨었거든요. 하지만 성능은 아무 지장이 없어 그냥 사용하고 있는데, 조카들은 올 때마다 그게 눈에 거슬렸던 모양입니다.

참 재미있는 것은 사람마다 돈을 기쁘게 쓰는 데가 다릅니다. 어떤 이는 주택에, 어떤 이는 살림살이에, 어떤 이는 의복에, 어떤 이는 소지품에, 어떤 이는 운동에……

이사를 하면 집 구조를 홀라당 바꾸어 인테리어를 새로 하고 거기 맞춰 가구까지 바꾸는 사람, 아무렇지도 않은 오디오를 소리가 좋지 않다며 수백만 원 들여 바꾸는 사람, 유행 따라 거금을 들여 새 옷을 사고 핸드백을 바꾸는 사람, 해외 곳곳으로 골프 투어를 가는 사람…… 참으로 가지가지입니다.

누가 돈을 잘 쓰고 잘못 쓴다고는 아무도 판단할 수 없지요. 창세기에 보면 하느님께서는 우리에게 모든 것 다스리며 행복을 누리라고 축복을 내려 주셨으니 다들 행복하게 살아야 하느님께서 기뻐하실 테니까요.

저의 경우는 여행과 봉헌에 기쁨을 느끼며 돈을 씁니다. 퇴직 후에는 성지순례를 비롯해 해외여행도 좀 했는데, 그게 얼마나 활력을 주고 기쁨을 주는지요. 그런데 여행을 할 때마다 누구에겐가 미안한 마음이 듭니다. 어디선가 밥을 굶고 있는 사람을 생각하면 너무 사치하다는 생각이 들어서이지요. 그래서 해외에 나가면 물건은 사지 않고 보고 느끼고만 온다는 철칙을 세우고, 돌아와서는 꼭 여행경비의 십일조를 하느님께 봉헌하고 있습니다.

그동안 분당에 산다는 이유로 마음고생이 많았습니다. 공연히 집값이 올라 세금폭탄을 맞고, 실제로는 사는 사람도 없어 집값이 폭락했지만 한 번 매겨진 세금은 꼬박꼬박 내야 했거든요. 돈 벌이는 없는데 과도한 세금을 마련하자니 애가 타서 사고 싶은 것이 있어도 참아야 했고, 더구나 간간이 기쁜 마음으로 봉헌했던 감사헌금도 주춤거리게 되었습니다. 아낄 수 있는 데까지 아끼고 아이들이 용돈을 주면 모으고 모아서 하느님께 봉헌하는 재미가 대단했는데, 그 기쁨마저 빼앗겨 버렸던 것입니다.

그러던 차 환급을 받았으니 어찌 기쁘지 않겠습니까? 저는 그 돈으로 무엇을 살까 곰곰 생각했습니다. 냉장고를 사기에는 부족했지만 좋은 옷 한 벌은 살 만했지요. 의복이 날개라는데 멋진 옷 한 벌 사 입으면 좀 젊어지고 기분이 산뜻해질까? 가까운 백화점으로 가서 옷 구경을 했습니다. 경기가 좋지 않을 때는 소비가 미덕이라니 나도 이럴 때 옷을 사야지……

그런데 웬 일일까요? 옷을 구경하는 동안 마음이 슬슬 바뀌었습니다.

아니야, 아니야, 어려운 때일수록 하느님 사업에 후원금이 줄어들 거야. 하느님이 배고프시면 큰일 나지. 저는 아이쇼핑을 실컷 즐기고 발길을 돌렸습니다. 그리고 그 돈을 고스란히 후원회 통장으로 넣었습니다. 얼마나 기뻤는지요.

주님, 잘 했지요? 새 옷보다 더 아름다운 날개를 주신 주님, 감사합니다.

2009년 3월

천사가 되는 기회

새해가 되면 맨 먼저 하는 일이 있습니다.

달력에 조상들의 기일과 가족들의 생일, 영명 축일 등에 커다랗게 원을 그려 표시하는 일입니다. 그리고 매월 달력을 한 장씩 넘길 때마다 표시된 날을 찾아 미사를 맞추는 것입니다.

작년 요맘때의 일이 생각나는군요. 9월 29일은 대천사 축일이었지요. 새벽 미사에 나갔는데 평일이라 신부님께서 강론 대신 짧게 한 말씀 하셨습니다.

"천사들은 눈에 보이지 않으나 하느님께선 우리에게 도움이 필요할 때 천사를 보내주십니다. 이웃에게서 천사를 발견할 줄 알아야 합니다. 그리고 여러분도 기회가 오면 놓치지 말고 천사가 될 줄 알아야 합니다."

그렇고 말고. 내가 고통 중에 있을 때 손잡고 위로해 준 사람도 천사고, 내가 일손이 필요할 때 나를 도와준 사람도 천사고…… 그동안 내가 만난 천사가 얼마나 많은가. 생각하며 돌아와 미국에 있는 아들에게 전화를 했습니다.

"축하해. 지금 막 네 영명 축일 미사 드리고 왔다."

"아, 그래요? 이곳은 28일 저녁이니까, 내일 아침이네요. 감사합니다"라는 말로 시작한 대화 중 한 토막을 소개합니다.

"오늘은 이곳 교회 청년부 후배 하나와 저녁을 먹었어요. 성악하는 친구라 성가대 지휘를 하는데 아주 열심이어서 제가 저녁을 샀지요. 그동안 오래 함께 지냈어도 개인 사정 같은 건 알 수 없었는데, 오늘 듣고 보니 부모님 도움 전혀 없이 혼자서 유학생활을 하더군요. 장학금을 타는 경우 빼고는 보기 드문 일이지요. 그런데 무슨 이야기 끝에 자기 전화기가 고물이 되어서 거의 못 쓰게 되었다고 해요. 새로 사야하는데 여유가 없어서 그냥 지낸다고. 그 순간부터 가슴이 더워오면서 그 일에만 생각이 멈춰 버렸어요. 실은 어제 전화기를 하나 새로 사다 두었었거든요. 제 것도 오래 썼더니 좀 바꾸고 싶더라고요. 문득 생각했지요. 그 전화기를 선물할까? 내 것은 아직 쓸 수 있으니까. 하지만 나도 바꾸고 싶어 이것저것 보고 마음에 드는 것을 골랐는데…… 그럼 내가 쓰던 것을 줄까? 그래도 어떻게? 그것도 안 주는 것보다는 낫지 않아. 그래도 어떻게…… 어떡하지? 헌 것? 새 것? 그러다가 결국 집에 데리고 와서 새 것을 손에 들려 후배네 집까지 데려다 주었어요."

저는 아들의 이야기를 들으면서 너무나 기뻤습니다.

"라파엘, 잘 했다, 잘 했어. 하느님께서 너 영명 축일에 아주 좋은 기회를 주셨구나. 오늘 신부님께서 말씀하시더라. 이웃에게 천사가 되어 보라고. 너 정말 천사가 되었구나. 잘했다."

"아, 그랬어요? 그런데 사람 마음이 우스워요. 좀 아까운 거 있지요? 어저께 얼른 한번 바꾸어서 하루라도 써 볼 걸, 얼마나 따져 가며 골랐는데…… 하는 생각도 들고, 제 자신이 너무나 우스웠어요. 제 마음 아시겠지요?"

"그럼, 그 마음 이해하고말고. 난 학교 있을 때 음악 선생님이 카세트 말고 정식 녹음기가 하나 있었으면 좋겠다고 하시더라. 그런데 우리 집에 녹음기가 있었거든. 별로 쓰지도 않는데 선물할까? 하고, 아버지께 말씀 드렸더니 다행히 허락해 주셨어. 음악 선생님이 좋아하니 당장 와서 실어 가셨지. 그런데 왜 그렇게 아깝던지. 두면 꼭 쓸 것만 같은 거야. 엄마는 사용하지 않는 것인데도 그랬는데, 너야 당연히 그렇지. 우스울 거 하나도 없어. 헌 것 안 주고 새 것 준 건 아주 잘한 일이야. 축하해."

청명한 가을 날씨만큼이나 기분 좋은 아침이었습니다.

2006년 10월

기다림을 배우게 해 준 꽃

20여 년 전 친구가 제주도에서 얻어 왔다며 손바닥 안에 들 정도의 작은 문주란 한 그루를 주었습니다. 여름에 향긋한 순백의 꽃을 피운다니 잘 길러 보라고 하면서요.

저는 우정이 담긴 그 귀한 선물, 문주란을 애지중지 길렀습니다. 물을 줄 때마다 친구를 생각하게 됨은 어쩔 수 없었지요. 그 친구에게 좋은 일이 있을 때는 화분 곁에서 함께 기쁨을 나누며, 궂은 일이 있을 때는 화분 곁에서 함께 아파하고 기도하며 고이고이 길렀습니다. 그 화분 옆에는 군자란 화분들이 있었습니다. 그런데, 해마다 군자란은 잘도 피건만 이 문주란은 십수 년이 지나도 쉽사리 꽃을 보여 주지 않았습니다.

군자란보다 훨씬 큰 키에 몸피도 제법 도톰해졌고 잎도 너부죽하게 자라, 아무리 봐도 방년(芳年)의 나이는 찼건만 영 꽃을 피우지 않았습니다. 비좁은 화분에서 뿌리가 답답해할까봐 그 새 몇 번 화분도 바꿔 주었고, 이사할 때마다 조심조심 보듬어다 볕 좋은 자리에 앉혀 주었건만 세월이 가도 꽃 소식이 없었습니다.

언젠가는…… 언젠가는……, 저는 끈기 있게 기다리며 정성을 다했습니다. 봄에는 분갈이도 해 주고, 여름에는 아파트 단지 앞으로 내려놓아 바람과 햇볕을 쐬어 주고, 단비도 맞혀 주고, 가을이면 다시 베란다로 옮겨오고, 겨울이면 얼른 거실 안으로 들여오고……

그도 그럴 것이 여름이면 어찌나 진딧물이 끼는지, 햇볕으로 내어놓지 않고는 당해낼 재주가 없었거든요. 힘들어도 밖으로 내 놓으면 진딧물이 사라지고 싱싱하게 잘 자라 키가 훌쩍 크고 했거든요. 또 겨울에는 그냥 베란다에 두었다가 넙죽한 잎이 얼어버려 깜짝 놀란 일이 있었거든요. 아무든 세 반엔 온갖 정성을 쏟으며 꽃을 기다렸지요.

아, 그런데 말입니다. 20여 년이 넘은 어느 해 꽃대가 올라왔습니다.

쑥쑥 튼실한 대공이 날마다 위로 뻗어 올랐습니다. 족히 한 자 길이로 벋어 올랐습니다. 아, 드디어, 드디어, 저는 기쁨으로 가슴이 설레었습니다. 그러기를 며칠, 대공 끝에 맺혔던 봉우리가 입을 열었습니다. 그리고 하나 둘, 꽃들이 피어났습니다. 한 송이가 아닌 여러 낱개의 가느다란 꽃이 한데 어울려 피어났습니다. 꽃송이라기보다 꽃술 같았어요. 신기해서 바짝 다가가 바라보자니 그 향내 또한 어찌나 달콤하던지요.

저는 20여 년 넘게 쏟은 정성에 보답해 준 꽃송이를 어루만지며 속삭였습니다.

"고마워! 기다림을 배우게 해 준 꽃, 나의 문주란!"

그 뒤 문주란은 한 해도 거르지 않고 꽃을 피웁니다. 한 대도 아니고 두 대씩이나 피웁니다. 금년에도 그 꽃대 오르는 것을 보면서, 실오라기 같은 꽃술을 보면서, 그 아릿한 향내에 취하면서 더운 여름을 행복하게 보냈습니다.

자녀가 내 속을 태운다구요? 배우자가 내 속을 태운다구요? 부모님이 내 속을 태운다구요?

가까운 친척이나 이웃이 내 속을 태운다구요?

우리 너무 조급하게 생각지 맙시다. 그들이 변해 주기를 바라기 전에 내가 먼저 그들을 위해 관심과 사랑을 쏟아 봅시다. 때가 되면 반드시 향긋한 꽃을 피워 우리의 사랑에 보답할 것입니다.

2007년 9월

다양성의 풍요로움

넘치는 봄기운에 온갖 꽃들이 다투어 피어났습니다.

긴 잠 푸욱 자다가 보시시 깨어난 산수유를 앞장세워 진달래, 개나리, 매화, 목련…… 온 뜨락이 꽃등을 켰습니다. 키 큰 나무들의 아름다운 지대에 사심 없이 부러운 눈길을 보내며, 땅바닥에서도 민들레며 제비꽃을 앞세워 이름 모를 풀꽃들이 수줍게 고개를 들어 인사를 합니다. 모양도 가지가지이지만 태도도 빛깔도 가지가지입니다. 사람의 얼굴이 각기 다르듯이 꽃들의 모습도 어쩜 그렇게 각양각색일까요. 그 모든 것들, 주님이 지으신 것이라 생각하니 더욱 귀하고 소중한 존재로 보입니다.

그런데 참 다행인 것은 사람들이 좋아하고 사랑하는 꽃도 가지가지라는 사실입니다. 모든 사람들이 어느 한 꽃만 좋아하고 사랑

한다면 나머지 꽃들은 존재감도 약해져서 삶에 재미도 없게 되는 것이 아닐까요? 우리 인간의 얼굴이며 목소리가 다르듯 선호하는 것도 다르다는 것이 얼마나 다행인지요.

어렸을 땐, 나와 다른 생각으로 엉뚱한 행동을 하는 친구들을 이상히 여기고 더러는 싫어하기도 했습니다. 아니, 어떻게 그런 생각을 하고 그런 행동을 할 수 있느냐고 분노하며 미워하기도 했습니다. 어린 시절뿐 아니라 젊은 시절까지도 그랬습니다.

그러나 지금은 아닙니다.

이 꽃도 예쁘고, 저 꽃도 예쁘고, 이런 사람도 이해가 되고, 저런 사람도 이해가 됩니다. 이런 성격도 소중하고, 저런 성격도 소중합니다. 그들은 제가 감히 생각지도 못했던 것, 느끼지도 못했던 것을 말하고 행동함으로써 제 사고의 폭을 넓혀줍니다. 아, 저렇게도 느끼고, 저렇게도 생각하고, 저렇게도 행동할 수 있구나……

그들 덕분에 제 삶의 지평이 넓어짐을 느끼면서 고마운 마음이 듭니다. 제가 못하는 것을 그들은 해내고 있으니 말입니다.

이런 저런 크고 작은 선거 때마다 생각합니다.

봉사할 마음에서건, 선도할 마음에서건, 권력을 휘두르고 싶은 마음에서건, 남들 앞에서 소신껏 일을 해 보겠다고 후보로 나서는 사람이 있다는 것은 얼마나 고마운 일입니까? 평양감사도 저 싫으면 못한다는데, 아무도 싫다고 안 나오면 그것도 큰일이지요.

후보자 서로를 온갖 수단으로 견제하면서까지 리더가 되고자 하는 사람이 있다는 게 신기하고 고맙기 그지없습니다.

고등학교 때, 마가렛 미첼 여사의 『바람과 함께 사라지다』를 읽고 친구들과 독후감을 나누던 기억이 납니다. 많은 친구들이 '스칼렛'의 강인하고 열정적인 성격에 매료되어 기염을 토할 때, 저는 '멜라니'의 부드럽고 너그러운 성격에 더 끌린다고 말했습니다. 스칼렛을 좋아하던 친구들은 당연히 저를 놀렸지요. 답답하고 바보 같은 성격이 뭐가 좋으냐고.

앞장 서 리드하는 사람이 있으면 뒤에서 챙겨주고 밀어주는 사람이 있어야겠지요. 앞이 있어 뒤가 있고, 뒤가 있어 앞이 있으니 둘 다 소중하지 않을까요.

사람의 이목을 집중시키는 화려한 장미나 해바라기를 만드시고, 다시 땅바닥에 민들레나 제비꽃 등 작은 풀꽃송이를 만드시어 나름대로 제 구실을 하도록 못 시켜주신 하느님!

나와 다른 이들의 생각이나 행동을 질책하지 말고, 있는 그대로 받아들이게 하소서. 그들 또한 하느님이 지으신 소중한 존재임을 깨달아 존중하게 하소서. 남의 단점도 뒤집어 생각하면 장점이 될 수 있고, 나의 장점도 뒤집어 생각하면 단점이 될 수 있다는 평범한 진리를 깨달아 서로를 포용하며 사랑하게 하소서.

2007년 5월

그렇게 다짐했건만

성경을 읽다 보면 유난히 마음에 드는 기도가 있습니다.
제 경우, 다음 두 기도문을 좋아합니다.

"주님, 제 마음은 오만하지 않고 제 눈은 높지 않습니다. 저는 거창한 것을 따라나서지도 주제넘게 놀라운 것을 찾아 나서지도 않습니다. 오히려 저는 제 영혼을 가다듬고 가라앉혔습니다. 어미 품에 안긴 젖 뗀 아기 같습니다. 저에게 제 영혼은 젖 뗀 아기 같습니다"(시편 131,1-2).

"저는 당신께 두 가지를 간청합니다. 제가 죽기 전에 그것을 이루어 주십시오. 허위와 거짓말을 제게서 멀리하여 주십시오. 저를 가난하게도 부유하게도 하지 마시고 저에게 정해진 양식만 허락해 주십시오. 그러지 않으시면 제가 배부른 뒤에 불신자가 되어 '주님이 누구냐'고 말하게 될 것입니다. 아니면 가난하게 되어 도둑질하고 저의 하느님 이름을 더럽히게 될 것입니다"(잠언 30장 '아구르의 기도').

이 두 개의 공통분모는 '겸손'이 아닌가 합니다. 그리스도인이 된다는 것은 천상의 주님이 지상으로 내려오신 것처럼 자신을 낮추는 겸손이 우선되어야 한다는 생각을 많이 합니다. 그러기에 어디서나 겸손을 잃지 말자고 다짐하고 또 다짐하면서 살고 있습니다.

그런데 며칠 전에 있었던 일입니다.

시 고모님 둘째 아드님의 회갑잔치에 초대를 받았습니다. 젊어서부터 경제적으로나 건강상으로나 워낙 많은 어려움을 겪었던 분이라 회갑을 맞는 감회가 남달라, 자녀들이 크게 잔치를 벌이는 것 같았습니다. 사회적으로 성공한 첫째 아드님이나 셋째 아드님 잔치 같으면 안 갈 수도 있었지만 둘째 아드님의 경우는 진심으로 축하해 주고 싶었기에 열 일 제치고 달려갔습니다.

자녀들이 입구에 서서 인사를 하는데 그 새 어엿한 직장인이 되어 있었습니다. 어려움 속에서도 그토록 잘 자랄 수 있었던 것은 부모님의 돈독한 신앙심 때문이라 여겨져 감사하면서 하객들과 함께 즐거운 시간을 갖고 있었습니다.

곧 케이크 컷팅 차례가 되었습니다.

그 날 사회를 본 사람은 목사인 셋째 아드님이었는데, 자기네 큰형수와 함께 뜻밖에도 나를 지목하며 나오라는 것이었습니다. 친가도 아니요 외갓집 형수인 나를 왜?, 하며 멈칫거리다가 맏동서와 함께 앞으로 나가 당사자 부부 양쪽으로 서서 케이크를 잘랐습니다. 플래시가 터지고, 박수가 터지고, 축하분위기가 고조되었습니다. 나도 덩달아 기분이 좋았습니다. 그런데 자리로 들어오는 순간, 목사님 사모인 셋째 동서가 눈에 띄었습니다. 모처럼 성장을 하고 우아한 모습으로 앉아 있었습니다. 아차, 실수했구나! 둘째에게 많은 도움을 주었던 첫째 셋째 동서가 나란히 나갔어야 할 자리에 내가 나갔구나…… 목사님 스스로 자기 아내를 부르기가 뭣해 나를 부른 건데 사양도 안 하고 성큼 나갔구나…… 뉘우침이 확 몰려왔습니다. 세 동서가 나란히 섰으면 남들 보기도 얼마나 좋았을까요.

남은 시간 내내 셋째 동서 보기가 민망했습니다. 아니 하객들 보기도 민망했습니다. 그러자니 좀 전까지 느끼던 즐거움도 차츰 사라지는 것이었습니다.

그 날 밤, 저는 집에 돌아와 동서에게 전화를 넣었습니다.

"오늘 참으로 아름다웠어요. 케이크 컷팅 때 아우님이 나갔어야 하는데, 엉뚱하게 내가 나갔지요? 그동안 둘째 댁에 신경 많이 쓴 것 내가 다 아는데…… 정말 미안해요."

동서는 아니라고 펄쩍 뛰었지만 전화라도 하고 나니 마음이 조금 편해졌습니다.

주님, 언제 어디서고 설 자리, 안 설 자리를 구분할 수 있는 지혜를 주세요. 항상 자신을 낮추면서 남을 섬길 수 있도록 어린애의 영성을 주세요……

저는 진심으로 뉘우치며 기도 드렸습니다.

2007년 3월

보시를 기다리는 손

　지난 월요일, 눈 깜짝할 사이에 또 새로운 주일이 시작되었음에 놀라며 시내 나가는 전철을 탔습니다. 출근 시간을 비켰건만 웬 사람들은 이리도 많은지요.

　압구정동 역에서 내려 막 출구를 향해 걸어가고 있었습니다. 모두들 무슨 일이 있기에 저리도 바삐 서로의 옷깃을 스치며 종종걸음을 치는 것일까요. 저는 퇴직 동료들과 만나 점심을 먹는 월례회에 가는 중이었지요. 엊그제 만났다 싶은데, 금세 한 달이 지나고, 또 지나고, 세월은 가는 것이 아니라 휑휑 날고 있는 것만 같습니다.

　그런데, 저만큼에서 조금 색다르다고 표현할 수밖에 없는 장면이 눈에 들어왔습니다. 한 스님이 법의를 깔끔히 차려 입고, 행인들에게 손을 벌리며 무어라곤가 말을 걸고 있었지요. 저는 좀 떨어진 거리에서 그 광경을 목도했는데, 무슨 말을 하는 것일까, 은근히 궁금했습니다. 저절로 시선이 그에게 쏠렸습니다. 그의 법의나 바랑 때문일까요? 아니 파르라니 깎은 머리가 빛이 나서일까요?

저는 바삐 걷던 걸음을 멈추고 서 있었습니다. 스님은 계속 손을 벌리며 무어라곤가 말을 했지만 행인들은 슬쩍슬쩍 쳐다만 볼 뿐 아무도 반응하지 않았지요. 직감적으로 스님이 보시를 요구하는 것이 아닌가, 하는 생각이 들었습니다. 동냥은 가장 자기를 낮출 때만 가능한 것이고, 스님은 지금 대단한 용기를 내서 저런 행동을 할 텐데…… 옷차림도 저렇게 깔끔한 스님이…… 제발 누군가 반응을 해 줘야 할 텐데…… 저는 안타까운 마음으로 계속 그곳을 바라보며 서 있었습니다. 그러나 사람들은 전혀 무반응, 수없는 사람들이 그를 쳐다만 보고 씽씽 그를 스쳐갔습니다. 마침내 저는 도저히 그냥 있을 수 없어서 그 쪽으로 다가갔습니다.

"스님, 무슨 일이 있으세요?"

"차비를 좀 구걸하려고요."

"아, 네. 잠깐만요."

저는 지갑을 꺼냈습니다. 전동차 안에서도 늘 장애우 두세 사람은 만나게 되므로 천 원짜리 몇 장을 준비해 가지고 다니지만 이 스님의 차비로 천 원은 너무 적다는 생각이 들었습니다. 동시에 만 원은 좀 많지 않을까, 라는 생각도 들었습니다. 저는 지갑 한 쪽에 간직했던 오천 원짜리 신권 한 장을 떠올렸습니다. 그 화폐가 처음 나왔을 때, 항상 시대의 흐름을 따라 필요한 것을 잘도 챙겨주는 막내딸이 행운의 상징으로 간직하라며 건네준 지폐였지요. 서슴지 않고 꺼내 내밀며 말했습니다.

"좋은 하루되십시오."

"아, 감사합니다. 감사합니다."

그는 그것을 받아 들고 저와는 반대편으로 총총히 걸어갔습니다.

구걸에 응하는 사람보다 응하지 않는 사람이 많다 보니, 제 행동이 쑥스럽습니다. 거리에서도 전동차에서도 너무나 많은 사람들이 동냥하는 사람들에게 냉랭합니다. 그들은 일부러 연기를 하는 것이라며 주지 말라고 말하는 사람도 있습니다. 정말 그들이 연기를 하는 것일까요? 저는 심한 육체적 결함을 가지고 구걸하는 장애우를 만날 때마다 생각합니다. 저 사람들은 우리에게 측은지심이 무엇인지를 알려주는 사람이구나. 우리를 향한 하느님의 측은지심을 조금이라도 이해시켜 주는 존재들이구나. 사실 그런 사람이라도 보지 않는다면 우리에게서 무슨 측은지심이 발동할 수 있을까요.

그들에게 잠시나마 연민을 품으면서 저는 생각합니다.

죄에 물들고 이기심에 허둥대는 우리를 보시는 주님의 측은지심은 오죽할꼬!

2006년 8월

측은지심에서 비롯되는 용서

가끔 생각해 봅니다. 예수님의 마음은 어떤 빛깔의 감정들로 채워져 있을까?

겸손, 섬김, 순명, 희생, 연민…… 많은 단어들이 떠오릅니다. 그러다가 항상 같은 결론을 내리게 되지요. 무이니 무이니 해도 연민이 가장 큰 비중을 차지할 것이라고.

"그분 심장의 팔구십 퍼센트는 '연민'으로 채워져 있을 거야."

그런데 이 연민은 '측은지심'과 연결됩니다. 상대에 대해 불쌍히 여기는 마음입니다. 그런 마음을 갖고 있는 한 어떤 잘못인들 어찌 용서하지 않고 배길 수 있겠습니까.

용서에 대한 아름다운 이야기가 있습니다.

음악가 리스트가 어느 도시에 머물게 되었는데 호텔 로비에 연주회 포스터가 붙어 있었습니다. 그런데 연주자 약력에 리스트의 제자라고 쓰여 있었습니다. 도무지 알 수 없는 이름이었지요. 한편 그 연주자에게 음악가 리스트가 그 지방에 머물고 있다는 소식이 들렸습니다. 연주자는 놀라 어찌할 바를 모르다가, 용기를 내어 리스트를 찾아갔습니다. 그는 죽을죄를 지었다며 용서를 청했지요.

"저는 힘겹게 살아가고 있습니다. 선생님의 제자라고 하면 레슨을 받으러 오는 학생들이 늘지 않을까 하고 거짓말을 했습니다. 용서해 주십시오. 연주회를 취소하라시면 당장 취소하겠습니다."

그러자 리스트는 연주자에게 피아노를 한번 쳐보라고 했습니다. 듣고 있던 리스트는 몇 군데를 지적하며 다시 쳐보라고 했습니다. 그리고 나서 말하는 것이었어요.

"당신은 이제 내 제자입니다. 가서 사람들에게 스승도 찬조 출연할 것이라고 말하십시오. 그러나 당신이 거짓말을 한 것은 분명 잘못이니 반성하십시오."

리스트에게 측은지심이 없었던들 이런 용서가 어찌 가능했을까요.

저도 주님의 사랑받는 딸이기에 용서를 실천하려고 노력합니다.

교직에 있을 때의 일입니다. 어떤 선생님이 저를 화나게 한 일이 있기에 무척 속이 상했습니다. 그러나 따진다고 될 일도 아니어서 그를 이해하려고 노력했습니다.

　그는 양심은 있었던지 저를 보면 눈을 피하곤 했지요. 용서를 빌고 화해를 청했으면 좋으련만 그럴 용기는 없었던 모양입니다. 그러자니 자연 관계가 원만치 않아 불편했지요. 그러던 중 학기말 시험 때가 되었습니다. 시작종이 울리면 교사들이 일제히 일어나 자기가 맡은 학급의 시험지 함에서 시험지를 챙겨들고 교실로 들어가는데, 어찌된 일인지 시험지 함 하나에 시험지가 그대로 남아 있었습니다. 담당 교사가 시간표를 확인하더니 바로 그 선생님 이름을 불렀습니다. 그런데 그는 보이지 않았습니다. 저는 전 시간 감독을 하고 나와 막 쉬려던 참이었지만, 자원해서 함 속에 든 시험지를 챙겨들고 해당 학급으로 들어갔습니다. 기다리고 있을 학생들을 생각해서이기도 했지만 그에게 대한 미움을 없애고 싶었던 마음이 더 컸습니다.

　시간이 거의 끝날 무렵 ㄱ가 교실로 들어왔습니다. 제가 시 있는 것을 보더니 깜짝 놀라면서 너무나 미안하다고 쩔쩔 매었습니다. 저는 그에게 오랜만에 미소를 보냈고 그동안 소원했던 마음을 다 풀었습니다. 그 일이 있은 후로는 그도 저를 편하게 대했고, 저도 마음이 편했습니다.

　사실 용서란 상대편을 위해서라기보다 저 자신을 위해서 더 필요한 것이지요. 혼자 끙끙 앓으며 그를 미워한다고 달라질 리도 없고, 오히려 그 분노로 인하여 마음에 독소가 가득 차 건강만 상하는 것이니까요. 성경에 자주 나오는 '용서'의 그리스 단어는 '자신을 풀어주다, 자유케 하다'라는 뜻이라고 합니다. 정말 옳은 말입니다. 상대를 용서하고 났을 때, 가장 큰 수혜자는 바로 자기 자신이요 그 다음이 상대편이 아닐까요.

저는 생각합니다. 우리가 주님 닮은 측은지심을 조금만 가져도 용서는 그리 어려운 일이 아니라고. 또 역지사지(易地思之), 입장을 바꾸어 생각해 보면 이해 안 될 일도 없고, 용서 안 될 일도 없을 것 같습니다. 물론 더 좋은 것은 남을 심판하지 않는 것이겠지요.

그러기에 주님께서는 말씀하십니다.

"남을 심판하지 마라. 그러면 너희도 심판받지 않을 것이다. 남을 단죄하지 마라. 그러면 너희도 단죄받지 않을 것이다. 용서하여라. 그러면 너희도 용서받을 것이다"(루카 6,37).

2007년 2월

축하의 인사를 드리며

우리에게 새해가 두 번씩이나 찾아온다는 건 감사할 일이지요?

아니에요. 어떻게 보면 우리 기독교인들에겐 새해가 세 번씩이나 찾아옵니다. 전례력으로 대림절을 맞아 일찌감치 새해를 또 한 번 맞지 않습니까?

새해를 맞으면서, 지난해를 반성하고 새해에는 좀더 보람 있고 가치 있는 일을 해 보리라 다짐하는 것도 좋지만, 또 하나 그동안 격조했던 친지들에게 차례로 문안을 드릴 수 있어 참 좋습니다.

전례력 새해에는 성탄절이 끼어 있으니까, 안부가 궁금했던 친지들에게 메일을 보내고, 전화를 걸어 "메리 크리스마스!" 하고 인사를 합니다.

그러다가 다시 양력 새해가 오면 "해피 뉴이어!" 하고, 또 조금 지나 음력 새해가 오면 "새해 복 많이 받으십시오" 하며 자연스럽게 인사를 나눌 수 있으니 얼마나 좋은가요.

저는 성탄절 무렵엔 신앙 안에서 알고 지내는 어른들, 친구들, 대녀들에게 전화를 넣고, 양력이나 음력 새해에는 시댁 친정 식구들을 비롯해 가까이 지냈던 옛 직장 동료들에게도 안부 전화를 넣습니다. 모두들 얼마나 기뻐하는지 몰라요.

그러한 때, 조금 손아래 사람인 경우에는 "아이고, 제가 먼저 했어야 하는데……"라는 말이 심심찮게 나옵니다. 누가 먼저 하면 어떻습니까? 손아래 동서, 사촌동생, 조카, 후배, 제자들에게도 생각 난 사람, 시간 되는 사람이 먼저 하면서 기쁨을 나누면 좋지요.

그런데 한 동료와 다음과 같은 대화를 나누며 많이 웃었습니다.

"작년에 좋은 일 많이 있었지요? 금년에도 복 많이 받으세요. 근데, 사촌이 땅을 사면 어떻게 되는지 아시지요?"

저는 얼른 대답했습니다.

"기쁘지요."

"아니, 기쁘다구요? 배가 안 아프구요?"

"그건 우리가 배고플 때 이야기지요. 지금은 사촌이 땅을 사도 배 안 아파요. 오히려 함께 기뻐하게 되었지요."

"아, 그런가요. 그럼 난 아직 배가 고픈 건가? 어쩌지요?"

"걱정 마세요. 사촌이 땅 사면 별장 짓고 초대해서 한 턱 크게 쏠 겁니다."

"하하하. 그렇군요. 제게도 떡고물이 떨어지는군요."

"그럼요, 그럼요. 나누는 기쁨이 얼마나 큰지 아시지 않아요?"

정말입니다. 나누는 것은 어떤 경우에도 좋은 일입니다. 슬픔은 나누면 반으로 줄어들고, 기쁨은 나누면 배로 커지고!

이제 또 3월입니다. 새해보다도 3월이 더 첫 시작으로 느껴지는 것은 모든 학교의 시작이 3월이기 때문이겠지요. 새 봄을 맞아 우리 서로 축하의 인사를 많이많이 나누었으면 좋겠습니다. 누군가에게 좋은 일이 생기면 배 아파하지 말고 순수하게 기뻐해 주도록 합시다. 그래야 내게도 축하 받을 일이 생기고, 그러면 또 이웃으로부터 진심으로 축하받을 수 있을 테니까요.

우선 인사부터 하고 나면 진짜 축하할 일이 생길 것만 같습니다.

"축하합니다!"

2009년 3월

늦게야 빛 본 육아일기

세월이 물처럼 흘러가듯이, 세상 온갖 일도 흐르는 물처럼 빠르게 변화합니다.

1960년대 가족계획을 부르짖으며 "아들 딸 구별 말고 둘만 나아 잘 기르자"라는 표어가 곳곳에서 가임 여성을 눈짓하더니, 급기야는 "잘 기른 딸 하나 열 아들 안 부럽다!"라는 표어로 아들 선호 사상을 누르기 시작했습니다.

요즈음 항간에 떠도는 아들 시리즈 우스갯소리들은 바로 이런 세태를 반영하고 있지요.

딸 둘에 아들 하나는 금메달, 딸만 둘이면 은메달, 아들 하나 딸하나는 동메달, 아들만 둘이면 목메달! 옛 어르신들이 들으면 쯧쯧 혀를 찰 일입니다. 게다가 더 재미있는 것은 아들과의 촌수 이야기입니다. 출산 당시는 무촌, 사춘기가 되면 사촌, 군대에 가면 팔촌, 제대해 오면 손님, 장가들면 사돈네 팔촌, 자식 낳으면 동포, 외국에 나가면 해외동포!

저에게도 해외동포 아들이 있는데, 늦도록 혼자 지내다가 재작년에 짝을 찾았습니다. 교우를 구하려 무척 노력했지만 비신자 가정의 규수를 맞이했습니다. 사람들은 말했지요. 요즈음은 모두 여자 따라가게 마련인데, 아들까지 쉬는 신자 만드는 게 아니냐고. 그러나 저는 하느님께 간절히 기도드렸습니다. "다른 아무것도 바라지 않겠사오니 부디 주님 품으로만 초대해 주십시오."

둘 다 미국에서 직장생활을 하고 있기 때문에, 잠시 나와서 평소 제가 바라던 대로 양가 식구들만 모여 간략한 예식을 치렀습니다. 그 자리에서도 저는 말했지요. 하느님만 모셔 준다면 아무 바랄 것이 없다고. 그런 뒤, 사논댁에 매월 교회잡지 〈참 소중한 당신〉을 보내 드리고, 새아기에겐 『여기에 물이 있다』를 보내 읽어 보라고 권했습니다.

얼마 뒤 새아기에게서 메일이 왔습니다. "전공서적이나 지식위주의 책만 보다가 이토록 삶의 기본에 대한, 어떻게 살아야 하는지에 대한, 정신세계를 성숙시켜 주는 책을 읽으니 참 좋습니다. 한 번 읽고 나서 다시 한 번 천천히 읽어 보려고 해요."

얼마나 고마운지, 하느님께 감사 기도부터 드렸습니다. 그리고 성인전에서 새아기 생일과 비슷한 때의 성녀 몇 분을 찾아 그들 행적을 메일로 넣어주며 '네가 가장 받들고 싶은 분을 골라 보아라. 우선 네 세례명을 짓자' 했더니 흔쾌히 '아녜스' 성녀를 택해주었습니다. 그래서 새아기는 곧바로 예비신자가 되었습니다.

더 기쁜 일은 작년 여름 아들을 낳은 것입니다. 저는 매일 인터넷을 통해, 아들이 올려주는 사진방에서 손자의 자라는 모습을 보며 기뻐하고 있습니다. 그런데 아이가 하도 울어 즐거운 전쟁을 치른다는 말을 듣고 문득 아들 신생아 때를 생각하며 37년 전 육아일기를 꺼냈습니다. 바쁜 시간을 쪼개고 쪼개 내 일기와 함께 3남매의 일기를 따로따로 고3 때까지 썼던 여러 권의 육아일기!

그 중 아들의 일기 첫 권을 읽어보니 새 생명을 주신 주님께 감사하며 행복해했던 기록과 함께, 잠 안 자고 울어 애태운 기록이 가득했습니다. 문득 이 첫 권 하나만 아들내외에게 선물로 주고 싶었습니다. 두 번째, 세 번째 것은 또 손자가 그만큼 컸을 때 주기로 하고 말입니다.

저는 육아일기를 곱게 싸서 며칠 동안 고루고루 준비한 음식과 함께 국제우편으로 보냈습니다. 아들은 결혼 전과 같이 자주 문안 전화를 하지만 시침 뚝 따고 소포 이야기는 하지 않았지요. 그러자 며칠 후, 아들의 기쁨에 찬 목소리를 들었습니다.

"어머니, 음식도 음식이지만 육아일기가 대 히트예요. 아녜스가 더 좋아해요. 내가 퇴근해 오니, 두 시간 넘게 퐁당 빠져서 읽었다며 첫 마디가 뭔 줄 아세요? '우리, 어머님께 정말 잘 해 드려야겠네' 하는 거예요. 어머니, 정말 최고의 선물이에요. 감사합니다!"

아, 이 한 통의 전화가 저를 얼마나 행복하게 했던지요. 무엇보다 며느리가 했다는 그 말을 듣고 그지없이 기뻤습니다.

독후감 제 일성으로 얼마든지 다른 말을 할 수도 있었을 텐데, 어머님께 잘해 드리자고 했다니 얼마나 고맙습니까? 저는 대번 느꼈습니다. 하느님께서 제 기도를 들어 주셨구나. 우리 새아기가 하느님 백성으로 초대받았으니 아들은 결코 해외동포로 멀어지진 않을 거야.

주님, 제가 그렇다고 믿으면 그렇게 되는 거지요?
감사합니다. 주님!

2008년 2월

시력만은 좀 더 늦게

　나이 들면서 슬퍼지는 것 몇 가지를 들라면 그대는 무엇을 우선순위로 드시겠습니까?

　얼핏 얼굴에 생긴 주름, 검은 머리를 회색으로 바꾼 흰 머리 등 외적인 것들이 떠오를 수도 있겠지요. 그러나 무엇보다 먼저 시력과 기억력의 감퇴를 들고 싶습니다. 흰머리나 주름은 그동안 열심히 살아온 훈장쯤으로 생각할 수도 있거든요. 솔직히 늙는다는 게 어디 쉬운 일이던가요. 오랜 세월 동안 돈도 많이 들었고, 시간도 많이 들었고, 에너지는 또 얼마나 많이 들였습니까? 그러기에 그것들은 고생한 대가로 얻은 훈장이나 표창장처럼 오히려 자랑해도 되지 않을까 싶은 것입니다.

　하지만 시력이나 기억력의 감퇴는 당장 불편하니 훈장으로 생각하기가 어렵습니다.

기억력에 대한 이야기는 생략하고 우선 시력에 대한 이야기를 해 보겠습니다.

제 경우엔 45세 전후해서 시력감퇴의 증상이 나타났습니다. 여학교 때는 양쪽 다 1.5를 웃돌아 운 좋으면 2.0까지 나오기도 하던 시력, 그래서 친구들의 부러움을 사기도 했던 자랑스러운 시력이었지요.

젊은 날, 저에겐 오랜 습관이 하나 있었습니다. 밤이면 으레 책을 한 권 들고 잠자리에 드는 것입니다. 독서를 워낙 좋아하던 저는 모든 일을 마친 밤에도 그냥 잠들기가 아쉬워 꼭 읽던 책을 들고 잠자리에 들었습니다. 낮 동안의 피곤 때문에 밤늦도록 정중하게 앉아서 읽을 수는 없고, 누워서라도 읽겠다는 심산이었지요. 그건 저의 '즐거운 의무'이기도 했습니다. 그러자니 머리맡에는 반드시 스탠드를 두었고, 책을 읽다가 잠이 오면 자연스레 불을 끄고 잠나라로 들곤 했습니다.

그런데 어느 날부터 책을 펼치자마자 눈앞에 흐릿한 안개가 끼면서 활자가 어른어른 보이지 않고 눈에서는 자꾸만 눈물이 나오기 시작했습니다. 처음엔 좀 피곤해서 그런가 보다며 대수롭지 않게 여기고, 이튿날도 그 이튿날도 여전히 잠자리에 책을 들고 들어갔지요. 하지만 저는 매번 중얼거려야 했습니다. 아니, 오늘도 그러네 오늘도, 오늘도…… 그렇게 몇 날 며칠 흐릿한 안개 속에서 눈물을 흘리며 글숲을 산책하다가, 어느 날 문득 깨달았습니다. 제 시력에 문제가 있는 것임을. 그 때가 바로 45세였습니다. 참고 참다가 안경을 맞출 때의 그 허망함이라니!

"하느님, 흰머리도 괜찮고 잔주름도 괜찮습니다. 제 시력일랑 조금만 더 늦게 거두어 가주세요."

저도 모르게 기도하고 또 기도했습니다.

그런데 요즈음 한 가지 깨닫는 게 있습니다. 육적 시력이 안 좋아져 바깥 세계를 덜 보게 되면 영적 시력이 좋아져 하느님 나라는 더 잘 보게 되지 않을까, 하는 것입니다. 아하, 잡다하게 많은 것을 보는 것보다 꼭 필요한 한 가지를 볼 수 있다면 그것도 나쁘지 않겠구나! 사실 시력이 좋아서 안 볼 것을 보기도 했을 테고, 그것이 계기가 되어 안 지을 죄를 짓기도 했을 테니, 보아서 좋지 않은 것은 아예 안 볼 수 있는 것도 은총이겠구나! 하는 생각이 들었던 것입니다.

그러나…… 그것도 잠시의 생각일 뿐, 저는 또 간절히 기도합니다.

"주님, 그래도 제 육적 시력을 조금만 더 늦게 거두어 가 주세요. 저는 미약하여 영적 세계도 혼자서는 못 보고, 성경말씀이나 영성 서적을 통해서만 볼 수 있사오니, 마지막 날까지 독서는 할 수 있도록 부디 제 육적 시력을 보호해 주세요."

2006년 12월

화분을 바라보며

지난 여름, 한 달포 집을 비울 일이 있어 이것저것 정리를 하는데 제일 문제가 되는 것이 화초였습니다. 궁리 끝에 일단 화분들을 밖으로 끌어내기로 했습니다. 관음죽, 소철, 문주란, 군자란 등 여남은 개의 화분을 단지 내 화단으로 끌어내러 경비 아저씨에게 부탁하고 집을 떠났습니다. 그리고 여행에서 돌아와 즉시 화분부터 살폈습니다.

그런데, 이럴 수가! 모두들 어찌나 잘 자라 있는지, 짙푸른 빛깔에 자르르 윤기까지 도는 잎사귀며 10센티도 넘게 훌쩍 커버린 키. 그들은 더할 수 없이 건강해 보이는 모습으로 저를 반겼습니다. '보세요. 잘 자랐지요? 우린 넓은 세상에 나와 잘 살았답니다.'

모두들 한 목소리로 자랑을 하는 것만 같았습니다. 저는 하도 좋아 몇 번이고 그 잎사귀들을 쓰다듬으면서 경비 아저씨들에게 감사의 인사를 드렸습니다. 근데 그분들이 들려준 대답.

"햇볕이 좋아서 그런 거지 우리가 뭐 한 것 있나요? 가끔 물이나 좀 준 것밖엔."

그렇습니다. 햇볕이 보약이었습니다. 아파트 베란다 안에서 간접으로 쐬는 햇볕. 그것도 아침 시간 잠깐 들었다가 사라지는 햇볕. 그들은 노상 햇볕을 그리며 대엿새 만에 한 번씩 주는 물만 받아먹고 근근이 살았던 겁니다. 거기다 비하면 바깥마당이야말로 최적의 공간이었겠지요. 종일 내리 비치는 햇빛을 실컷 쐬고, 신선한 공기도 마시고, 오가는 사람들도 신나게 구경하고, 찜통더위에 젖은 몸, 간간이 퍼붓는 소나기에 샤워도 시원히 하면서 정말 사는 것처럼 살았겠지요.

무엇보다 햇볕은 나무들에게 물만큼이나 필요한 양식일 것입니다. 이른 봄 양지 바른 쪽의 목련이 먼저 피듯이, 늦가을 양지 바른 쪽의 나뭇잎이 더 빨리 더 곱게 단풍 들듯이, 그들에게 햇볕이야말로 더없는 자양분이었을 것입니다.

햇볕에 대한 생각이 꼬리를 물었습니다.

그 햇볕이 인간세계에선 무엇에 비유될 수 있을까요. 그건 응당 부모의 사랑일 것입니다. 옛말에, 제 자식은 제 어미가 키워야 한다, 할머니가 아무리 잘해 줘도 제 어미 사랑만 같겠느냐, 제 부모는 그냥 옆에만 있어도 양의 기운이 전달된다, 새끼들은 제 어미

냄새만 맡아도 마음이 안정된다…… 등 등 많은 말들이 귓가에 맴돌았습니다.

엄마 대신 할머니 밑에서 자라는 아이들이 해거름만 되면 쓸쓸해 하는 모습을 보았는지요. 낮엔 이런저런 놀이로 잊고 지내다가 날이 저물면 갑자기 엄마가 보고 싶어져 울음을 터뜨리는 아이들을 보았는지요.

화분도 그렇습니다. 제 딴엔 정성을 들인다고 물도 꼬박꼬박 주고, 진딧물도 잡아 주고, 분갈이도 해 줬건만 자연 그대로만은 못했던 것입니다. 잠시나마 자연으로 돌아가 햇볕의 사랑을 받고 훨씬 건강한 모습으로 자란 화초들이 제 마음을 뿌듯하게 합니다.

문득 요즘 아이들에게 생각이 멈춥니다. 최근 들어 아이들은 제 부모 밑에서 자라기가 어려워졌습니다. 여자들이 대부분 일자리를 갖게 되어 주부의 자리, 엄마의 자리를 비워버렸고, 이혼으로 인해 편부모 가정, 조손 가정도 많아졌기 때문입니다. 영아원에서 자라는 아이, 새엄마의 손에서 자라는 아이, 가정부의 손에서 자라는 아이, 할머니의 손에서 자라는 아이……

어차피 부모의 손에서만 자녀를 기를 수 없이 된 이 시대에, 누가 되었건 그들이 책임을 느끼고 사랑으로 아이들을 길렀으면 좋겠습니다. 꼭 부모가 아니더라도 사랑과 정성이 담긴 육아는 아이를 건전하게 성장시킬 수 있으리라 믿습니다. 어느 누구의 사랑이 되었건 사랑을 듬뿍 받고 자란 어린이는 우선 정서가 안정되기 마련이고, 정서가 안정되면 사물을 긍정적으로 대하기 마련입니다. 사사건건 부정적 사고를 가진 사람은 그 자신도 피곤하고 옆 사람도 피곤하게 합니다. 불신은 불신을 낳아 꼬리를 물게 되니 대인관계가 좋을 수 없지요. 그 경우 대부분 어린 시절 충분한 사랑을 받지 못하고 오히려 상처를 받고 자란 때문임을 주변에서 많이 보았습니다.

잘 자란 화분을 바라보고 있자니 저절로 기도가 나왔습니다.
"주님, 어린이를 돌보는 모든 사람들에게 부디 당신의 햇볕 사랑을 나누어 주십시오."

2006년 9월

겨울이 가면 봄이 오리니

1950-70년대 고등학교 국어 교과서에는 마음을 촉촉이 적셔주는 글이 참 많았습니다.

그 중에 하나가 안톤 슈낙의 「우리를 슬프게 하는 것들」.

아마도 중년이 된 분들께선 이 글을 기억하고 계시리라 믿습니다.

"울음 우는 아이는 우리를 슬프게 한다. 정원 한쪽 구석에서 발견된 작은 새의 시체 위에 초추의 양광이 떨어질 때. 가을날 비는 처량히 내리고 그리운 이의 인적은 끊어져 거의 일주일이나 혼자 있게 될 때. 아무도 살지 않는 옛 궁성, 그래서 벽은 헐어서 흙이 떨어지고 어느 문설주의 삭은 나무 위에 거의 판독하기 어려운 문자를 볼 때……"

전쟁을 치르고 너나없이 가난과 병고와 가족을 잃은 상실감에 시달릴 때, 왜 이런 글을 교과서에 실어 우리를 더욱 눈물짓게 했을까요. 그것은 아마도 깊은 슬픔에 잠겨 있는 우리에게 다시 슬픔의 이야기를 들려주면서 마음을 순화시키고, 그 모든 슬픔도 다 지나가는 것이므로 언젠가는 다시 기쁨이 오리라는 희망을 갖게 하려던 것이 아니었을까 싶습니다.

저는 고등학교 국어교사 생활 30여 년을 지내면서, 새 학기 첫 시간에 꼭 적어주던 시가 있었습니다. 미국 여성 시인 글로리아 벤더빌트(Gloria Vanderbilt)의 「동화」라는 시입니다.

워낙 짧고, 쉬운 영어로 되어 있어 항상 원문과 함께 적어 주었지요. 제자들은 지금도 저만 보면 그 시를 읊어대며 기뻐하곤 합니다. 환갑을 넘은 40년 전 제자들까지도.

Fairy Tale

There once was a child / Living everyday
Expecting tomorrow / To be different from today!

옛날에 한 아이가 있어 / 날마다
내일은 오늘과 다르리라 / 기대하며 살았습니다.

요즈음 너 나 할 것 없이 너무나 어렵습니다. 이러한 때, 저는 뉴스를 보다가 아주 기쁜 소식을 접했어요. 지난 여름 온 국민을 울리고, 그래서 연인원 123만 명의 국민들이 스스로 달려가 소매 걷고 기름때를 벗겨 냈던 태안반도. 아, 그곳에 이 추운 겨울날 봄소식이 온 것입니다. 마침내 갯벌이 청정해져 김보다 맛좋고 비싸다는 감태(일명 청파래), 부드럽기 그지없는 초록빛 감태가 온통 갯가의 돌 위를 포근히 덮은 것입니다. 주민들이 기쁨을 감추지 못하고 수확하는 모습과 함께 티브이 화면에 나타난 초록빛 비단 이불!

그것은 참으로 환상적이었습니다. 그 빛을 보는 순간, 저의 입에서는 가슴 뛰는 기쁨으로 기도가 터져 나왔습니다. "감사합니다. 고통 뒤에 어김없이 기쁨을 마련해 주시는 주님! 감사합니다."

여러분, 우리 국민이 어떤 국민입니까? 모두 어려운 가운데에서도 작년 말 구세군 자선냄비는 목표액 초과 달성으로 3억 원을 넘었다고 합니다. 감사하고 또 감사한 일이지요.

이 춥고 어두운 터널을 손에 손 잡고, 어깨동무하고, 마음을 합해 잘 빠져 나갑시다.

겨울이 가면 봄이 오리니!

2009년 2월

본 대로 느낀 대로 4

본
대 로
느 낀 대 로

아름다워라, 리우데 자네이루
- 남미 기행 1-

우리나라에서 볼 때, 완전히 지구 반대편에 있는 남미!

이번 여름, 한국문인협회 주최 해외 문학 세미나 차 LA에 들렀다가, 솜저럼 엄두를 내기 어렵다는 남미의 가톨릭 국가, 브라질과 페루 여행을 무사히 마치고 돌아왔다.

나는 해외여행을 할 때 시계를 고치지 않는다. 항상 한국 시계 기준으로 몇 시간 더하기도 하고 빼기도 하면서 현지 시간을 계산하곤 하는데 이번 여행 중에는 참 재미있는 일이 벌어졌다. 비행기가 브라질 '상파울로'에 도착하자 시계를 맞추라며 현지 시간을 가르쳐 주는데, 아니, 이럴 수가, 그냥 우리 시간 그대로인 것이다. 그러니까 밤과 낮만 다를 뿐 딱 12시간 차이의 나라였다. 드디어 지구 반대편이라는 말을 실감하는 순간이었다. 계절도 우리와 반대로 겨울, 그러나 영상의 따뜻한 날씨라 그저 우리의 봄가을 온도라 할까. 상파울로 시내 관광을 간단히 마치고 그 유명한 이과수 폭포를 보기 위해 다시 비행기를 타고 이동했다.

은빛 머릿결 이과수 폭포

이과수 폭포는 푸른 나무숲 사이로 여러 곳에서 물이 흘러내렸다. 자그마치 그 물줄기가 280여 개란다. 그러기에 나이아가라처럼 거대한 위용은 느껴지지 않았다. 특히 정글 속에 있는 폭포라서 하얀 물보라가 푸른 나무숲 사이사이로 흘러내리는 품이 여인의 긴긴 은빛 머릿결 같다고 할까? 한마디로 환상적이었다. 한꺼번에 드넓은 면적에서 쏟아지는 나이아가라를 남성의 힘에 비긴다면 이과수는 여성의 섬세한 아름다움에 비겨 볼 수 있을까?

우리는 폭포 가까이 다가가 물맞기를 즐기려 열댓 명씩 타는 사륜마차를 타고 정글 속을 달렸다. 길이 어찌나 좁은지 마차 한 대밖에는 못 지나가므로 양쪽에서 운전자들끼리 무선으로 교신하면서 조금 넓은 길에서 비키곤 하였다. 자연훼손을 절대 금지한다는 이곳인지라 숲은 온갖 나무들로 무성했다.

그렇게 정글 속 좁은 길을 따라 얼마쯤 가니 물가가 나왔다. 비닐옷을 입고, 구명조끼를 입고, 우리들은 배를 타고 안으로 들어갔다. 더욱 가까이, 더욱 가까이, 무섭다고 하면서도 사람들은 왜 그리도 스릴을 좋아하는 것일까, 어린애처럼 소리소리 지르면서 얼굴이랑 머리가 다 젖도록 즐겁게 물을 맞고 나왔다.

다음 날은 이번 여행 중 가장 기대하던 리우데 자네이루로 향했다. 비행기에서 내려다 본 리오의 밤풍경은 완전히 별나라 그 자체였다. 이곳은 브라질에서 상파울로 다음으로 큰 도시로서 서울 두 배 크기에 인구는 600만, 아직도 행정 주요 도시라고 한다.

'리우데 자네이루'는 탐험대들이 처음 이곳에 도착했던 때가 1월이어서 붙인 이름인데 '리우'는 포르투갈 말로 '큰 강', '자네이루'는 '1월'.

호텔에 드니 3층에서 체크인을 하란다. 이상하다, 왜 1층에서 안 하고? 하며 올라갔더니 바로 앞 해변에서 파도치는 모습이 눈앞에 펼쳐진다. 아하, 이 멋진 모습을 보여 주려고 로비를 3층에 누었구나. 게다가 늦은 밤인데도 은발의 남성이 피아노 연수로 우리를 정겹게 맞아 주었고, 소파에 앉자마자 종업원이 예쁘게 장식한 과일주스 한 잔씩을 갖다 준다. 세계 삼대 미항의 낭만이 물씬 느껴지는 밤이었다.

늦게야 방에 들었으나 잠을 이루지 못했다. 주범은 파도소리!

태평양을 지나고 이제 대서양을 눈앞에 둔 이역 땅에서 간헐적으로 뭍을 치는 파도소리가 나그네의 마음을 자꾸 뒤흔들었다.

그런데 이곳은 위험하다고 절대 나가지 말란다. 저 좋은 해변을 걸어보지 못하고 그냥 가라고? 세계 제일의 미항이라는 이곳에 왜 치안이 제대로 되어 있지 못하나 몹시 서운했다. 나는 여행지에서 새벽산책을 즐기는 게 오랜 습관인데 내일 새벽 그 기쁨을 누릴 수 없다는 안타까움에 잠은 더욱 달아나 버린 듯했다.

빵지아수카에서 본 리우데 자네이루

이튿날 우리는 버스를 타고 해변을 달려 '날카로운 돌산'의 뜻이라는 '빵지아수카'로 향했다. 그곳은 인디언들이 연중행사로 제사를 지내던 곳이라 한다. 그 옛날 그들은 하늘에 좀더 가까이 닿고자 그 높은 곳까지 제물을 들고 기어서 올라갔을 생각을 하니, 케이블카를 타고 편안히 올라가는 게 미안하다는 생각이 들었다.

아, 마침내 정상에서 내려다 본 리우데 자네이루의 전경.

부드러운 산과 산의 능선 사이로 초현대식 빌딩들이 우뚝우뚝, 바다 가운데는 간간히 솟아올라 터를 잡은 섬들, 저 멀리는 푸른 숲 숲, 조금 아래로 시선을 내리니 해변을 배앵 둘러 하얀 백사장, 그 해변의 물과 모래가 만나는 자리에 마치 붓으로 그려 놓은 듯 구불구불 둘러쳐진 하이얀 테두리……

바다 가운데로는 자연스런 곡선으로 한없이 길게 벋은, 남미에서 가장 길다는 '리떼로이(숨겨진 바다) 다리!

저 쪽으로는 높은 산봉우리. 그런데 그 정상에 예수님께서 팔을 쫘악 벌리고 서 있는 모습이 아스라히 보인다. 대형 예수님의 석상이란다. 그래서 저 봉우리의 이름은 "예수동산". 우리가 내일 구경 갈 곳이기도 하다.

동서남북으로 볼거리도 많구나. 이리 돌리고 저리 돌리고 나의 시선은 바쁘다. 이곳이 바로 '과나바라' 만이라는데 그것은 인디안 말로 '팔을 벌리고 섰음' 이란다. 명쾌한 지적이었다. 우선 시야가 무한대였으니까. 저만큼 보이는 산은 무척 여성스러웠다. 머리, 허리, 가슴, 부분의 곡선미가 안내원의 설명대로 한눈에 파악된다. 그래서 리오는 여성의 도시라던가.

우리가 서 있는 곳 가까이 바다 위에 인어 상이 하나 보였다.

어느 해 인디언들의 제사에 한 여인을 통째로 바쳤던 것을 기념한다고. 그 인어 상 조금 앞에는 제법 큰 성채가 보였다. 바로 포르투갈이 침공하던 당시 요새로서 외국인 포로들을 그곳에서 죽였다는데 인간이 얼마나 잔인한가는 이곳 브라질 역사에도 선연히 느러났나.

훗날 정치범들도 그곳에서 죽였단다. 그 성채 바로 옆에 고래 모양의 섬이 있었는데 가운데 동그란 뚜껑이 보였다. 그 속엔 큰 홈이 패여 있다는데 정치범들을 그 속에 산채로 집어넣고 뚜껑을 닫으면 파도와 함께 서서히 수장이 되었던 것이란다. 나라마다 드러나는 인간의 잔악무도함이 너무도 끔찍해 온몸을 떨었다.

나는 그 잔인함을 떨쳐버릴 양, 다시 눈을 돌려 남미에서 가장 길다는 '리떼로이' 다리를 바라보았다. 그것은 이곳 리오 시(市)와

저쪽 리떼로이 시(市)를 잇는 다리란다. 원혼들은 이제 그 소원하던 자유를 찾아 자유자재로 저 다리를 건너 왔다 갔다 하겠지.

빵지아수카는 우뚝, 겹겹이 벋은 케이블카 줄은 공중에서 출렁, 해변에선 부서지는 하얀 파도가 콸콸, 공중 여기저기에 무리지어 나르는 갈매기 떼들은 훨훨. 혹시 저 갈매기들은 억울하게 목숨을 뺏긴 원혼들의 넋이 아닐까?

눈에 들어오는 것마다 신기하여 탄성이 저절로 나오는데, 멀리로 눈을 돌리니 하늘과 바다의 끝자락이 서로 닿아 한 덩이가 되어 있다. 그야말로 오롯한 수평선이다. 온갖 여유를 부리며 나의 관심을 기다리고 있었을 수평선에 한참이나 시선을 쏟아 부었다. 원더풀! 일망무제로 탁 트인 대서양을 한눈에 바라보며 나는 모든 근심에서 해방되는 참다운 자유를 맛보았다.

버스를 타고 구불구불 높은 곳으로 올라가 아름다운 호수공원 옆 식당에서 점심식사를 했다. 브라질 식당의 특징은 음식이 지나치게 풍성하다는 것. 특히 덩어리째 꼬챙이에 꿰어 구운 온갖 고기를 들고 다니면서 한 점씩 썰어주는 방식이 대부분이었다. 도대체 이름 있는 짐승은 다 잡아다 굽는 모양이었다. 열 명 남짓 종업원이 줄지어 다니면서 계속 자기가 갖고 온 것을 먹어달라고 뱅뱅 도는데, 나는 미리 질려서 거절만 하게 되어 미안했다.

원 세상에 한쪽에선 수없는 사람이 굶어 죽는다는데 이게 웬일인가, 브라질은 식당에서뿐 아니라 심지어 비행기 안에서도 다른 어느 곳보다 음식을 많이 주어 난처했다. 그런데 마지막 커피의 경우는 달랐다. 웬 잔이 그렇게도 작을까. 우리나라 소주잔보다 더 작았다. 대신 원산지 커피는 다르구나 싶을 만큼 맛은 굉장히 진하고 향긋했다. 그야말로 에스프레소다. 더구나 리오에서 가장 자랑스러운 것은 물의 청정함이라는데 그 물로 끓였으니 오죽하랴.

삼바 춤의 유래

안내자는 이 나라의 노예에 대한 이야기도 들려주었다.

포르투갈 사람들은 사탕수수 농사 때 인디언들을 썼으나 영 능률이 오르지 않아 계속 학대를 했으므로 그들은 그것을 견디지 못해 이과수 폭포에 가서 자살도 했단다. 이렇듯 인디언들이 노예상품으로 가치가 떨어지자 아프리카 흑인들을 사다가 노예로 쓰게 되었는데 처음으로 노예선이 리오에 도착한 것은 1570년. 그들은 한꺼번에 낳은 노예를 실어오기 위해서 사람 앉은키 성노의 칸을 만들어 한 켜 한 켜 겹으로 앉혀 데려오면서, 먹이는 고기 내장과 콩을 갈아서 주었다고 한다. 그러나 그 음식이 고단백이어서 다행히 건강이 좋았다고.

낮엔 채찍을 맞아가며 힘든 노동을 하고, 밤엔 나름대로 가무를 즐기며 고통을 이겨내는데 여자들은 설거지나 애보기에 뽑히는 게 소원이어서 백인 남자에게 몸동작으로 유혹했던 것이 오늘날 '람바다' 춤이 되었단다. 그리고 흑인들이 이곳에 팔려오기 전,

자기들 토속신에게 제사지내던 시절을 그리워하며 추던 춤이 오늘날 '삼바 춤'이 되었다고. 설명을 듣고 있자니 눈물이 났다.

오후엔 성당을 구경했다. 지상에서 천장까지 70미터의 높이를 대리석으로 쌓은 대성당이었다. 안으로 드니 성당에 비해 자그마한 대리석 성수 통이 맨 처음 눈에 띈다. 얼른 성수를 찍어 성호를 긋고 정면을 보았다. 예수님과 십자가가 석상으로 세워져 있고 한쪽엔 나무고상도 세워져 있었다. 벽을 뱅 둘러 알록달록 아름답게 반짝이는 스테인드글라스와 많은 성화들이 눈에 띄었다. 잠시 뒷자리에 앉아 기도를 드리고 나왔다.

성당 앞 길 건너에는 나무숲을 배경으로 이사벨 공주의 집이 있었다. 노예해방의 어머니로 온 국민의 존경을 받는 인물. 브라질 역사를 들으며 가장 인상적이었던 것은 단연 이사벨 공주의 참된 용기가 아닐까 싶었다. 여성의 힘으로 노예해방이라니!

저녁 식사는 한국인 교포 집에서 했다. 이곳 한인 교포는 겨우 50세대. 62년 첫 입국하여 봉제 공장에서 밤새워 재봉틀을 돌리며 열심히 일한 덕에 다들 성공해서 잘 산다니 고마웠다. 저녁 식사를 준비한 이 집도 마당에 풀장까지 있는 큰 집이었다. 세계 어디를 가나 만나게 되는 우리 교포들. 그들이 바로 진정한 애국자라는 생각이 든다.

주인 내외는 일터에서 아직 안 오고 인디언 하인들이 셋씩이나 있어 한국요리를 근사하게 해 냈다. 순박하고 다정한 미소와 몸짓으로 우리를 환영해 준다. 인디언은 어디서 만나도 우리의 사촌쯤으로 생각하게 된다.

호텔에 돌아오니 10시가 다 되었다. 우리가 이틀째 묵게 된 호텔은 바로 해변에 있어서 대서양을 한눈에 볼 수 있었다. 그런데 저 해변을 안 걸어보고 내일 떠난다는 게 아무래도 섭섭했다. 해변은 밤이 되자 야시장이 즐비해 더욱 북적대었다. 새벽 산책은 사람들이 뜨음하니까 더 무서울 수 있지만 지금은 오히려 괜찮지 않을까? 도저히 그냥 넘길 수가 없어 또래의 세 여성 시인과 함께 기어이 해변으로 나가는 모험을 했다. 지명(知命)의 나이를 넘은 우리 넷은 소녀들처럼 둘씩 손을 잡고 나갔다. 밤 파도 소리를 들으며 이것저것 물건 구경도 하고 재미있게 꼬빠까바나 해변을 거닐었다. 상인들이 포르투갈어만 쓰고 있어 불편했지만 손짓 눈짓으로 작은 기념품도 사면서, 행여 누가 덮칠세라 조금은 무서워하며 돌아다니다가 무사히 들어와 성공을 자축하기도 했다.

아아, 또 저 파도소리. 아프리카 노예들이 노예선에 실려서 들어오는 것도 같고, 아니면 어디론가 자유를 찾아 떠나는 것도 같고…… 이사벨 공주의 측은지심이 오래오래 의식의 밑바닥에 서렸다가 불쑥불쑥 튀어나오곤 해 아름답고 따뜻하게 느껴지는 밤이었다.

예수님이 서 계시는 꼬르꼬바도
다음날은 '예수동산'을 보기로 된 날.

가는 도중 우선 세계 최대의 축구장이라는 '마라카나'를 구경했다. 1950년에 지었다는데 20만 군중이 들어가는 초대형 경기장이었다. 우리나라에선 6·25 전쟁을 치르던 그 옛날에 이렇게 큰 축구장을 건설했다니 놀라웠다. 브라질 사람들이 축구를 얼마나 사랑하는지 짐작이 갔다. 브라질에서 빼놓을 수 없는 것은 축구와 삼바축제라던가.

그러나 내겐 그 큰 축구장보다 더 인상에 남는 한 사람이 있다. 74세의 흑인 노인. 그는 그 경기장에서 일생을 보낸 사람으로 그 경기장의 산 증인이란다. 그분은 젊은이 못지않게 대단한 열정으로 경기장 가이드 노릇을 아주 즐겁게 하고 있었다. 새까만 얼굴에 하얀 이를 드러내고 씽긋씽긋 웃으면서 유머에 위트까지 곁들여 힘찬 목소리로 설명하는 그에게서 얼마나 탄탄한 생명력을 느꼈는지. 흑인도 저렇게 아름다울 수 있구나, 하고 감탄하였다. 설명을 다 마치고 나더니 그는 정중하게 한마디 덧붙였다.

"나는 2002년 월드컵 경기 때, 한국이 둘 아닌, 하나로 출전하기를 희망합니다."

우리 일행의 큰 박수를 받았음은 물론이다.

다음으로 '카니발 거리'에 갔다. 사순절 동안 주님의 수난에 동참하려면 단식 등 여러 가지 제약을 받으니까, 시작하기 전에 실컷 먹고 놀게 하기 위해 대대적으로 이곳에서 카니발을 벌인다는 것이다. 쭈욱 뻗은, 그리고 상당히 긴 거리였는데 축제 기간 동안

일체를 통제하고 동네별로 팀을 만들어 가면을 쓰고 이 거리에 나와 실컷 먹고 춤추며 즐기는 것이란다. 축제 중에는 어지간한 행동들이 다 용서된다니 모두들 신나게 즐겼으리라.

드디어 '예수동산'에 오르게 되었다.

기차를 타고 경사진 곳을 다 오르자, 막 내리는 자리에 예수석상의 전경을 담은 거대한 사진이 걸려 있다. 온 국민을 한 아름에 안으려는 듯 팔을 쫘악 벌리고 서 계시는 예수님. 참으로 크고 넓은 품이었다. 계단을 올라가는데 동상은 뒷모습부터 나타났다. 피뢰침 면류관을 쓰고 동쪽을 향해 팔을 벌리고 서 계셨다. 행여 뒤질세라 숨을 몰아쉬며 단숨에 올랐다. 여기저기서 관광객들이 사진을 찍느라고 어지러운 정상(頂上). 그러나 나는 주님을 정면에서 바라보며 우선 십자성호부터 긋고 잠시 서서 기도드렸다. "주님, 그 넓고 자애로운 품으로 모든 인류를 구원하소서."

이 석상을 세운 유래를 들었다. 왕성 후 공화성부가 늘어서면서 자주 쿠데타가 일어나자 성당에서 예수 상을 세우기로 하고, 추기경이 강력한 추진력으로 수년 동안 모금 운동부터 시작해서 1926년부터 착공, 1931년에 완성했다 한다. 콘크리트가 자그마치 1145톤이 들어갔다니 그 산꼭대기까지 운반은 어떻게 했을까. 머리 무게만도 30톤, 팔 길이 28미터, 총 높이 41미터. 후유! 참으로 거대한 석상이었다.

이 산의 이름은 '꼬르꼬바도'(Corcovado). 우리말로 '꼽추 봉'

이라는 뜻이란다. 어쨌건 이 언덕에서 관망하는 경관이 최고라고 권력층들이 일찌감치 기차부터 통행할 수 있게 만들어, 리오의 경치를 즐기려고 자주 올라오곤 했다 한다.

어제 올랐던 '빵지아수카'동산이 저만큼 보였다. 그곳에서 보던 전경과 별반 다를 것이 없었지만 예수님의 석상이 버티고 서 있는 이곳 '꼬르꼬바도' 언덕에서 한눈에 보니 그야말로 따봉, '따따봉'이었다('따봉'은 포르투갈 말로 '좋다', '따따봉'은 '매우 좋다').

삼대 미항 중에서도 제일의 미항임을 다시 한 번 확인했다.

"동쪽 바다를 향해 팔 벌리고 서 계시는 주님이시여, 아등바등 치고받고, 빼앗으며 싸우는 우리 인류를 불쌍히 여기사 하루 속히 전 세계에 완전한 자유와 평화를 허락하소서.

예수님 사랑을 실천하여 여성의 몸으로 통 크게도 노예해방을 선언한 이사벨 공주여, 그대가 있었기에 이곳이 더욱 아름다웠다오."

나는 값진 추억으로 남을 리우데 자네이루를 뒤로하고 브라질을 떠나 페루로 향했다.

2000년 9월

페루의 공중도시 마추피추
-남미 기행 2-

수도 리마의 거리

2000년 8월 4일, 브라질에서 비행기를 타고 끝도 없는 정글 지대를 내려다보며 하늘을 날아 늦은 밤 페루의 수도 리마에 도착했다. 포르투갈어에서 스페인어로 바뀌는 지점이란다.

여행 때의 습관대로 새벽 산책을 나가보니 가랑비가 부슬부슬 내리고 있었다. 조금 맞으면 어떠랴. 그냥 걸었다. 도시는 서울과 별 다르지 않았다. 자그마한 체구의 사람들도 그저 우리와 비슷했고 길거리 리어카에서 야채를 파는 사람들도 낯설지 않았다.

우리 문우들이 맨 먼저 들른 곳은 국립 박물관.

화려한 잉카 문명을 한눈에 볼 수 있었다. 아주 독특한 것으로 나스카문명이 눈에 띄었다. 도자기가 많이 전시되어 있었는데, 한결같이 인간의 모습을 문양으로 새긴 것이 특징이었다. 그리고 축소판 사막의 모래톱에 여러 가지 문양을 새겨 놓은 것이 인상적이었다. 그곳은 실제 사막으로 사람이 다닐 수도 없어 경비행기를 타고 하늘에서만 사진을 찍거나 구경을 할 수 있다고 한다. 그 새발자국 같은 선을 그들은 '나스카선'이라 불렀다. 도대체 그 드넓은 사막에 인간이 살았을 것 같지는 않는데 누가 저런 문양을 만들었을까.

무엇보다 반가웠던 것은 셀 수도 없이 지나다니는 우리나라 자동차들. 처음엔 하나, 둘, 셋, 하고 세다가 금세 세기를 그만 둬야 할 정도였다. 특히 대우 차. 그 중에서도 티코가 제일 많이 보였는데, 알고 보니 영업용 택시로 쓰이고 있었다. 노란 옷을 입고 리마거리 구석구석을 누비는 티코. 어찌나 예쁘고 자랑스럽던지.

거리엔 자주 노란 통이 큼직하게 서 있었는데 여성경찰이 그 속에 들어가 서서 교통의 흐름을 감시하고 있었다. 대개 고등학교를 졸업한 18세-22세의 젊은 여성인데, 여성이 더 정직하기 때문에 많은 공직에 기용된단다. 말이 되는 것 같아 웃었다.

국립경기장을 지나면서 안내원은 말한다. 우리나라 박만복 씨가 페루 축구 감독인데 그 이름은 국민 대부분이 알고 있을 정도로 유명하다고. 뿐만 아니라 이곳엔 우리나라 태권도 사범도 네 분이나 있는데 육군사관학교에서 수업도 한다. 곳곳에 이민 가서 국위 선양을 하고 있는 동포들이여, 그 위치에 오르기까지 얼마나 애로가 많으셨습니까? 참으로 자랑스럽고 감사합니다. 당신들이 바로 애국자이지요. 나는 속으로 중얼거려 보았다.

이곳은 가톨릭 국가라서 350만 인구에 성당이 자그마치 800여 개. 그 때문인지 성문화는 대단히 보수적이라고 한다. 하지만 남자들이 애정표시만은 확실히 해야지 안 그러면 여자들이 사랑이 없는 것으로 오해한다고.

점심때가 되어 케네디 공원 옆, '고려정'으로 들어갔다. 중년의 한국 아주머니가 우리를 반긴다. 아이고, 반갑습니다. 우리도 친척을 만난 듯 반갑다. 정성껏 끓여 내온 해물탕을 먹으며 오랜만에 고향음식에의 갈증을 풀었다.

오후에는 해안으로 곧장 달렸는데 넓고도 넓은 태평양이 눈앞에 펼쳐져 있었다. 그냥 저곳을 뚫고 가면 한국이겠지, 하며 멀리 보이는 오롯한 수평선을 넋 놓고 바라보았다. 그 해안도로 왼쪽 언덕으로 모랫벌이 계속되었는데 판자촌이 형성되어 있었다. 이른바 달동네다. 미국 같은 곳은 이렇게 경치 좋은 곳에 부촌이 형성되었더니 이곳은 또 달랐다. 가난한 사람들에게 이 너른 바다경치를 허락한 것은 너무 잘된 일. 그들로 하여금 내일을 위해 무한한 꿈을 키우게 해야지. 공으로 볼 수 있는 경치까지 부자가 차지하는 것은 너무하지 않는가.

잉카 제국의 수도 쿠스코

저녁엔 태평양 한가운데 있는 식당에서 식사를 했다. 어젠 리오에서 대서양을 보며 지내다가 오늘은 또 태평양이라! 이런 호사가 어디 있으랴 싶어 감사하고 죄송한 마음으로 성호를 그었다. 사방에서 파도가 밀물져 오는 그곳. 가리비조개에 감자에, 리몽과 함께 나온 생선요리에, 아니, 그 모든 음식보다 더 멋진 분위기에 매료되었다.

포항공대 국문과 교수이신 김원중 시인으로부터 이은상 선생님, 유치환 선생님 연애담을 들으며 파도 소리 속에서 그야말로 시적인 저녁 식사를 했다. 그리고 그곳을 나올 때, 출렁이는 파도 소리를 들으며 나는 자연스럽게 청마의 "파도야 어쩌란 말이냐"를 읊어대었다.

다음 날, 우리는 호텔에 짐을 맡겨 둔 채, 이박삼일 묵을 간단한 가방을 꾸려 들고 쿠스코를 향해서 떠났다. 날씨가 맑아 비행기 창 밖으로 리마를 다 내려다 볼 수 있었고, 안데스 산맥 부근의 여러 사막과 호수들을 구경할 수 있었다. 빙하가 흘러 내려 갈 곳이 막히면 그대로 물이 고여 호수를 이루었다는데 비취빛으로 너무나 아름다웠다.

쿠스코공항은 국제공항으로 몹시 붐볐다. 이곳은 30만 인구의 작은 도시이지만 잉카문명을 보러 오는 관광객이 연중 150만이 넘어 비행기표 구하기도 어렵다고 한다. 도착하자, 우리 여행사 직원도 나왔는데 안전을 위해서 필요하다며 그곳 현지 가이드도 함께 따라 다녔다. 내 영세명과 같은 실비아라는 이름의 가무잡잡한 본토 여자였다. 큰 체구에 영어도 잘 해 아주 당당해 보였다. 해발 3,740m의 고지대여서 자칫하면 어지럼증으로 쓰러질 수가 있으니 천천히 걸으라고 주의를 준다. 우리는 우주인처럼 걷는다.

식당엘 갔는데 우선 산소 부족을 도와준다는 '코카차'를 따라준다. 쿠스코에 있는 동안 마실 수 있는 한 기회만 되면 마시도록 하란다. 아닌 게 아니라 조금만 빨리 걸으면 어질어질했다. 인디오들은 그 좁은 공간에서 끝도 없이 노래를 부르며 춤을 춰댄다. 그래서 더욱 어지럽다.

유적지 '꼬리칸차'에서는 성모 마리아와 예수 상이 인디언으로 만들어져 있는 것이 아주 인상적이었다. 그렇지. 어디서나 제나라 사람들의 피부색, 제나라 사람들의 옷을 입고 계신 예수님과 성모님이 더 정답게 주민들에게 다가서겠지.

거대한 성채 '사크사이와만'에도 갔다. 해발 3,800m로 가장 높은 곳이란다. 태양제를 지내던 드넓은 평지가 있었다. 이곳에서 잉카황제가 알파카(짐승)의 심장을 꺼내 그 해 길흉을 점치기도 하고. 해가 제일 긴 하지에는 성채 꼭대기에서 태양제를 올렸다 한다. 지금도 그를 기념하기 위해서 6월 22일 무렵 태양제를 여는데, 세계 도처에서 몰려온 관광객들이 태양을 우러러 열광한다고.

20톤이 넘는 돌을 멀리 4킬로 지점에서 옮겨다가 모서리마다 큰 돌을 놓고 하나하나 정교하게 쌓아 올렸는데 참으로 놀라웠다. 바퀴 달린 물건이 없었다니 결국 사람의 몸으로 옮겨왔을 저 돌들. 가장 큰 것은 120톤이 넘는다고 한다. 저 제단을 쌓는 데 80년이 넘게 걸리고 하루에 삼만 명이 동원되었다니 우리네 신라시대의 유적이야 옆에도 못 가겠구나 싶었다.

미라를 만들었다는 '깽꼬'에도 갔다. 쿠스코 전체를 한 마리의 퓨마로 보고 곳곳을 그 몸통으로 보았다고 하니 대자연과 하나로 살았던 그들이 더욱 위대해 보인다.

바로 앞에는 안데스 산맥이 펼쳐져 있었다. 버스로 돌며 내려가, 밤엔 안데스 산맥 부근의 도시 우르밤바에 도착했다. 이곳만 해도 해발 2,700m라고 어지럼증은 훨씬 덜 느껴졌다. 이곳 우르밤바는 워낙 시골이라서 교육은 쿠스코에 나가야 받을 수 있다고. 조용한 산기슭에 위치한 모텔, 잉카랜드. 모처럼 고향에 돌아온 듯 편한 마음으로 저녁 후 잠시 산책을 즐겼다. 하늘엔 별이 금방 손에 잡힐 듯 선명했고 반달도 함께 떠 있어 더욱 운치 있는 밤이었다.

페루의 최고 명소 마추피추

이튿날은 페루 관광의 최고 명소가 될 마추피추로 가기 위해 아침 일찍 기차역으로 떠났다. 아마존 강의 원류라는 우르밤바 강을 함께 따라간다. 안데스 산맥의 물이 이 부근의 농산물을 가꾸어 주고 있었다. 감자, 옥수수가 주식인데 옥수수의 질은 최고라고 한다. 가도 가도 산등성이는 끝이 없다.

가는 도중 인디오 마을에 들렀다. 600년 전 모습을 그대로 보존하고 있어 많은 관광객이 찾아오는 곳. 옹기종기 움막 같은 데서 가족이 모여 살고 손으로 만든 직물, 인형 등을 팔려고 한 뭉치씩 들고 우리를 따라온다. 집에 가지고 가면 아무 필요도 없다는 걸 잘 알면서도 60년대 우리 못 살 때를 생각해서, 자잘한 것을 사주며 구경한다.

드디어 기차역에 도착했다. 인디언들이 줄줄이 서서 물건을 팔고 있었다. 다 손으로 만든 것. 그들은 무엇보다 손재주가 비범했다. 생김도 그렇고, 그런 손재주까지 닮은 걸 보니, 아무래도 그들은 우리 조상과 사촌이다. 안쓰러운 마음에 또 인형을 사고 손가방을 샀다. 해외여행 중 물건 안 사기로 자신과 약속했던 것, 이곳에 와서는 마음이 약해져 도저히 지킬 수가 없었다.

조그마한 간이역 같은 데서 기차를 타고 오른 곳은 핫 스프링타운. 우리는 또 거기서 버스를 타고 마추피추를 향해 달린다. 높이높이, 구불구불, 딱 열세 구비를 돌며 올라가자 드디어 세계 7대 불가사의 중 하나인 공중도시 마추피추가 나타났다.

와, 잉카의 힘이 얼마나 거대했기에 해발 2,600m, 이 높은 곳, 그러니까 우리나라 백두산 높이에 이토록 멋진 도시를 세웠을까.

1400~1485년에 건설되었으리라는 이 도시. 그러나 스페인 침공이 시작되자 형제간에 내분이 일어나고 계속되는 전쟁에 남자들은 다 끌려가 죽고, 여자와 노약자만 남았다가 그나마 하나 둘 스러지고 마침내 완전 빈 도시가 되었으리라는 이 곳. 여자들만 남아 쓸쓸히 죽어갔을 원주민들을 생각하니 마음이 아파왔다. 그것도 인류평화를 자처하는 가톨릭 국가의 침공을 받았다니 얼마나 역설적인가. 그러기에 새천년 벽두에 요한 바오로 교황은 "기억과 화해"라는 메시지를 발표하여 "우리도 용서하니 우리를 용서하소서"라고 말하지 않았던가. 교황님의 그 용기에 존경을 드린다.

영원히 묻힐 뻔한 이 도시가 1911년 미국 인류학자 하이람 빙검에게 발견되고 그로부터 잉카에 대한 연구가 활발해지면서 이제 관광도시로 부상하여 온갖 인종이 한 자리에 모여 수백 년 전의 그들 문화를 칭송하게 되었으니 그나마 다행이라 할까.

그 도시는 완전히 산으로 둘러 싸여 있었는데, 중앙에 안정감을 주는 산봉우리의 이름이 마추피추. 그것은 늙은 봉우리라는 뜻으로 아버지 산이라고 불리고, 바로 근방에 부드러운 능선의 산이 어머니 산, 그리고 그 앞 쪽에 가장 씩씩해 보이는 산이 아들 산이라 불렸다. 마추피추의 동북편은 깎아지른 절벽이어서 사람들은 접근하기 힘들고 서북쪽은 높은 산봉우리가 가로막고 있었으며 남서방향의 정상에 도시가 건설되어 있었다. 사방이 절벽이고, 들어올 때는 딱 한 곳의 문을 통과해야만 했다니 참으로 완벽한 공중도시다. 스페인 침공 때 이곳만은 올라오지 못했다는 이유를 알 만했다. 비탈진 산언덕에 계단식으로 지어진 석조건물. 기계도 없이 그 큰 돌들을 채취한 것도 놀랍고 운반한 것도 놀랍기만 하다.

여기저기 경사진 곳에 계단식으로 경작지를 만들어 놓아 멀리서 보면 대형 운동경기장의 관람석 같기도 하다. 아주아주 높은 산등성이까지도 그들은 밭을 일구어 감자, 옥수수 등을 심어서 양식을 대었다고 한다.

600년 전 건축물이 석조라서 거의 대부분 남아 있었는데 돌로 둥글게 쌓고 빛이 들어오도록 창을 뚫어놓은 '태양의 신전', '독수리 신전' 등 여러 신전들을 구경했다. 겨울인데도 그들이 숭배하던 그 태양 볕이 하도 뜨거워 겉옷을 벗어들고 티셔츠차림으로 계속 걸었다.

아, 드디어 마지막으로 구경한 '잉카의 집'

현관, 응접실, 식당, 거실, 침상, 그리고 화상실까지 제법 갖추어진 왕의 집이, 지붕만 없는 채 석조 건물로 잘 보존되어 있었다. 지금 보기에는 협소한 공간이었지만 당시로는 대단한 집이었으리라. 우리는 줄을 서서 그가 썼다는 화장실, 아니 측간을 다투어 구경하고 웃었다.

버스를 따라 산길을 달리는 어린이

거의 두 시간 가까이를 그렇게 걸어서 땀을 닦아가며 마추피추

공중도시를 구경하고 다시 버스에 올랐다. 이제 거꾸로 뱅글뱅글 13구비를 내려갈 차례다.

그런데 재미난 일이 벌어졌다. 예닐곱 살이나 되었을까, 어떤 꼬마 사내아이가 빨간 모자에 빨간 조끼를 입고 버스가 한 굽이를 돌아서자 무어라고 소리소리 지르며 손을 흔든다. 아, 외로운 산길에서 사람들을 만나 반가워하다가 떠나니까 잘 가라고 소리지르나보다, 하며 오는데 다음 굽이에서 그런 비슷한 아이가 또 나와서 소리를 지른다. 그리고 또 다음 구비에서, 또 다음 구비에서. 옷도 똑 같고 나이도 비슷해 보인다. 일행은 제각기 어떤 생각을 했을까. 나중 들은 얘기지만 어떤 이는 굽이마다 관광객에게 인사하라고 같은 제복을 입혀서 아이들을 세워 놓았나보다 하고, 어떤 이는 저 아이가 아래로 내려가고 싶어 차를 좀 세워달라고 하는데 기사 아저씨가 매정하게 그냥 가서 안타까웠다고도 하고.

나도 궁금하기 짝이 없었는데 마침 현지 안내원 실비아가 내 옆에 앉아 있기에 서툰 영어로 그 아이에 대해 물어 보았다. 그 다음에 이어진 그네와 나의 대화.

"너희 나라에선 굿 바이를 무어라고 하니?"

"으음……, 안녕."

"그럼 잘 들어 봐. 저 꼬마가 그렇게 말하고 있어."

"정말?"

나는 귀를 쫑긋거리고 잘 들어 보았다. 버스가 다음 굽이를 돌 때마다 어김없이 나타나서 손을 흔들며 악을 쓰고 질러대는 소리, 어찌 들으니까 "안녀엉!" 하는 것도 같다.

내가 그런 것 같다고 대답하자 그녀는 저 아이는 세계 각국의 '굿 바이'를 배워서 버스에 어떤 나라 사람이 많이 탔는가 보고 그 나라 말로 그렇게 인사를 한다고 일러준다. 우리는 버스를 타고 굽이굽이 돌지만 저 아이는 바로 지름길을 이용하여 달려 내려온다는 것이었다. 나는 우리 일행들에게 저게 "안녕"이란 소리라니 잘 들어 보라고 전달해 놓고, 그 높은 곳에서 열 세 구비나 저렇게 달려오려면 얼마나 힘이 들까, 그렇게 열심히 달려오는 이유는 무엇일까, 하고 궁금해했다.

마침내 버스가 정류장에 도착하자 궁금증이 풀렸다. 아이가 날쌔게 올라타면서 모자를 벗고 승객에게 인사를 한다. "안녕, 꼬레아. 안녕, 꼬레아."

일행들이 모두 나를 보고 웃는다.

아아, 그것이었구나. 나는 그 아이가 내 이름을 열 세 번이나 불러대는 바람에 대표로 돈을 줄까 했지만 일행은 너나 할 것 없이 일 불씩 아이의 모자에 건네주었다. 아이는 얼굴 가득 기쁨을 머금고 다시 한 번 "꼬레아 안녕, 그라씨아 꼬레아" 하고 목청껏 소리를 지르며 내려갔다.

참으로 별난 체험이었다. 나중 가이드에게 더 설명을 들었는데 부모가 안 계신다거나, 가난한 집 아이 몇을 뽑아서 그 애들로

하여금 하루씩 돌아가면서 그렇게 돈을 벌도록 마을에서 허락을 한 것이란다. 잘한 일이라는 생각이 들었다.

우리는 근처 식당에서 점심을 먹고 기찻길을 따라 즐비한 노점 상들을 구경하면서 산책을 즐기다가 다시 쿠스코로 가는 기차를 탔다. 많이 걸어서인지 목이 말랐다. 마침 기차 안에서 여러 가지 음료수를 팔았다. 좋은 기회구나 싶어 일행 열여섯 명에게 음료수 한 병씩을 사서 돌렸다. 20불 조금 넘는 돈으로, 이국땅에서 그 꼬마에게 여러 번씩 이름 불린 턱을 아주 기분 좋게 낸 것이다.

쿠스코 부근에 이르자 거의 밤이 되었다. 하나 둘씩 켜지는 전 등불빛이 갑자기 별처럼 떠올라 화려한 밤풍경을 이루고 있었다. 어제 낮 잠깐 들러서 이곳 산소부족 상태를 연습했기에 오늘은 그런대로 견딜 만했다. 그 효과를 노리고 아랫동네로 데리고 가 재우나 보다.

숙소 입구에 산소통이 놓여 있었다. 70대 문우 몇 분이 아무래 도 힘들다고 안내원의 도움을 받으며 한 분씩 차례로 산소 공급을 받기도 했다. 나도 은근히 걱정을 했지만 견딜 만해서 방으로 들어 와 풍요로웠던 오늘 하루에 감사의 기도를 올렸다.

이튿날, 아침 일찍 산책을 나갔다. 바로 앞 광장에 어마어마한 성당이 있었다. 이름하여 "꼼빠니아 데 헤수수". 대성당은 보수 중이었고 소성당 문이 열려 들어가니 마침 미사 중이었다. 노신부 님 집전으로 30여명 신자가 참석한 평일 미사였다. 그런데 재미

있는 것은 예수님 상이 까무잡잡한 모습으로 세워져 있었다. 가는 곳마다 좀더 가까이 느낄 수 있도록 그 인종의 모습으로 서 계시는 우리 예수님. 그러고 보니 우리 한국에서는 별로 그런 노력이 없었지 않나 싶어 섭섭하게 느껴지기도 했다.

골목골목을 다니면서 건물을 구경하는데 돌담을 쌓은 기술에 다시 한 번 놀랐다. 비슷한 돌을 직선으로 쌓은 담, 또는 다른 크기의 돌을 이리저리 맞추어 곡선이 되게 쌓은 담 등 어떤 것이건 그렇게 정교할 수가 없었다. 돌 사이에 흙을 전혀 넣지 않고 순전히 돌로만 저렇게 이를 맞추어 쌓았다는 것은 누가 뭐래도 뛰어난 솜씨다. 무슨 연장이 있었기에······

1983년 마침내 잉카제국의 수도였던 쿠스코와 마추피추 유적이 세계 문화유산으로 지정된 것은 너무나도 당연하다 싶었다.

우리는 우주인처럼 천천히 한 발 한 발을 옮기며 쿠스코 구경을 미치고 리마로 돌아가기 위해 공항으로 나간다. 마추피추에서 내려올 때 열세 구비마다에서 깜짝깜짝 나타나 소리 지르던 꼬마처럼 나도 마음으로 소리 질러 보았다.

쿠스코여 안녕. 잉카여 안녕.

2000년 9월

하늘이 뻥 뚫린 시나이 산에서

설레고 설레던 성지순례.

〈평화방송〉과 〈참 소중한 당신〉이 공동으로 주관한 이집트 요르단 이스라엘 성지순례단 151명 속에 끼어, 드디어 9월 24일부터 10월 5일까지 11박 12일의 성지순례 길에 나섰다.

카이로 국제공항에 도착한 것은 현지 시간 밤 10시 20분. 거의 열두 시간을 달린 후였다.

마중 나온 가이드의 안내를 받으며 버스를 타고 이국의 밤거리를 달린다. 너무나 낙후되었다는 인상은 공항에서뿐 아니라 거리 곳곳에서도 느껴진다. 차선 하나 제대로 없고, 여기저기 지저분한 인상이다.

피라미드, 스핑크스

숙소인 힐튼 호텔에 여장을 푼 것은 자정이 넘은 시간이었지만 이튿날 새벽 5시 기상으로 하루 일정이 시작되었다. 일행을 맨 처음 안내한 곳은 피라미드.

우리 단군 할아버지가 고조선도 세우기 전의 유물이라는데, 아직 그 위용을 드러내고 있는 세모꼴의 돌탑이 사진으로 볼 때보다 더욱 웅대하다. 와, 저걸 사람이 쌓았다고? 그 앞에서 포즈를 취하고 있는 일행들이 너무나 왜소해 보인다. 속은 어찌 생겼을까, 잔뜩 궁금하여 고개를 숙이고 앞사람 꽁무니만 보고 내리락 오르락 따라 들어가니 끝은 막혀 있고, 아무것도 없다. 허무! 가던 길을 되짚어 나오며 왕권에 대해 많은 것을 생각했다.

이집트 왕과 왕비, 왕족들의 무덤 형식으로 만든 이들 피라미드는 현재 80기가 알려져 있다고 한다. 이 중 대 피라미드의 경우 10만 명이 3개월 교내로 20년에 설쳐 선소했다는데, 평균 2.5톤의 돌을 230만 개나 쌓아 올려 만들었다고 하니 장하다고 해야 할까, 너무했다고 해야 할까.

그 옛날에 쌓은 것이 아직 보존된 것은 비가 오지 않기 때문이란다. 그 시절에도 비는 오지 않았을 테고, 지금처럼 더웠을 텐데 뙤약볕에서 저토록 크고 높은 피라미드를 쌓아 올린 그들은 누구였을까. 그 수고가 몇 천 년을 두고 후손들을 먹여 살릴 수입원이 될 줄 상상이나 했을까. 당시의 배고픔과 목마름은 누가 해결해 주었을까. 먼지 푸석이는 길을 걸어 전망대에 오르니 세 개의 피라미드가 한 눈에 보인다. 할아버지, 아버지, 아들 3대의 것이라고 각각 다른 크기로 어슥어슥 서 있다.

수수께끼로 유명한 스핑크스도 구경했다. 듣던 대로 사람의 머리와 사자의 몸체가 묘하게 어우러진 괴물의 모습을 하고 있었다. 높이 20m, 길이 80m, 입의 폭만도 2.5m라니 놀랍지 않은가. 박물관에 들러 미이라가 된 파라오도 보았다. 권력의 끝은 과연 무엇인가.

대부분 사막지대라 걸으면서 자꾸 입을 막을 만큼 푸석대는 먼지가 이집트의 상징이라고 할까. 그래도 기대를 채워준 곳은 있었다. 나일 강. 세계 4대 문명의 발상지답게 나일 강만은 한강 못지않게 도도히, 유유히 흐르고 있었다.

다음 날은 이집트 한인성당에서 강의를 듣고 미사를 드렸다. 그곳 교우들이 함께 미사를 드리며 기뻐하였다. 이곳에서 이렇게 많은 순례객을 한꺼번에 맞이하기는 처음이란다. 너무나 반가워하며 미리 준비한 음료수와 대추야자 열매를 나누어준다. 이역만리에서 고생하며 사는 그들에게 빈손으로 왔음이 무척 미안하다.

미사를 마치고, 시나이 산을 향해 9시간 정도 버스로 달렸다. 가는 길은 온통 사막. 이게 바로 아라비아 사막이란다. 바오로 사도 생각이 났다. 다마스쿠스 체험 후, 누구에게 말도 못하고 바로 아라비아 사막으로 들어갔다고 되어 있었지. 이곳에 와서 그는 얼마나 고독한 자기와의 싸움을 했을까.

가이드는 이집트의 종교 이슬람 문화에 대해 이야기를 들려준다.

이곳에서는 남자가 돈이 있어야 결혼을 한단다. 그래서 노총각이 수도 없이 많다고.

남자는 아내를 네 명까지도 둘 수 있다는데, 3개월씩 평등하게 돌아가며 살아야 하고, 집이건 옷이건, 자동차건, 아이들의 장난감이건, 네 여자에게 평등하게 사 주어야 한다. 그런 제재 속에 아내를 넷씩이나 두는 사람은 누구일꼬.

남자는 무슬림(이슬람교도) 아닌 여자를 만날 수 있고, 여자는 무조건 남자 종교를 따르게 되어 있지만 여자의 경우엔 무슬림 아닌 남자를 만날 수 없단다. 만일 혼전 임신이라도 하게 되면 친척들이 살해할 수 있을 만큼 개인보다 가문을 더 중시한다고.

여자는 반드시 '히잡'을 쓰게 되어 있어, 남편만 아내의 히잡 안 쓴 머리를 볼 수 있다고. 여자들은 남편 퇴근 시간에 맞추어 공들여 아름답게 꾸미는 게 관례이고, 그렇기 때문에 이쁜 옷, 속옷들이 잘 팔린다고. 여자는 집 안에만 있어야 하므로 운전 같은 것은 상상도 못한다고. 새천년에 들어선 지금도 이렇게 보수적인 문화가 공존한다니 지구촌은 좁고도 넓은 곳인가.

갈대바다

일행을 태운 버스는 에어컨 바람으로 그 더운 사막을 가르며 수에즈 운하를 향해 잘도 달린다. 이따금 풀도 보이고, 유목민 베두인들이 사는 천막도 보인다. 아무 한 일 없이 차만 타고 달렸지만 점심때가 되자 광야의 어느 식당에서 준비해온 도시락을 먹는다. 이런 광야에 식당도 있다니, 순전히 관광객을 위한 것이리라.

점심 후, 관련 성경도 읽고 성가도 부르면서 열심히 달리다 보니, 멀리 홍해 바다가 나타났다. 열대어와 함께 산호초가 많아 붉게 보이므로 홍해(紅海)라고 했지만 히브리어 성경에 쓰인 대로라면 '갈대바다'다. 백만이 넘는 백성을 이끌고 앞장서 건너는 모세의 모습이 환영으로 보인다.

얼마 후 〈마라〉에 도착해 네 대의 버스에서 속속 일행 모두가 내렸다. 여기저기서 베두인 아이들이 우리를 맞는다. 기념품 가게도 많이 있다. 세계 어디를 가나 어지간한 한국말이 쏟아진다. "빨리 사요, 빨리 빨리!" "세 개에 오 달라." 웃음이 절로 난다.

광야에서 솟아난 오아시스 마라. 큰 돌들로 축을 쌓아 올린 크고 깊은 우물이었다. 이스라엘 백성들이 목말라 죽겠다고 모세를 원망하자 하느님께 기도하고 지시받은 대로 나뭇가지를 샘물 속에 집어넣어 쓴물을 단물로 변화시켜 갈증을 풀어주었다는 샘 마라. 그 뜻이 바로 '쓴 샘물'로 이곳의 물은 오늘날도 시나이 반도에서 가장 나쁘고 쓰다고 한다. 주변엔 아닌 게 아니라 몇 백 년 된

종려나무가 많았다. 나무가 서 있는 언덕에서 홍해 바다를 구경하고 다시 차에 올랐다.

허허벌판 사막에 전선주는 끊이지 않고 세워져 있다. 홍해 주변에 휴양지를 건설하고 있는 모습도 보인다. 모두 관광산업이겠지. 드디어 수에즈 운하 터널을 빠져나오고, 이제 르비딤을 향해 달린다고 가이드가 말한다. 성경 속에서만 듣던 이름이 계속 나오니까 그저 반갑다.

서서히 저녁때가 되었다. 대낮엔 뜨거워서 도저히 걸을 수가 없다고 오후 5시가 되기를 기다려 우리는 광야 체험을 하기로 했다. 지명은 〈만타 2〉라고 한다. 151명 전원이 차에서 내려 짝짝 갈라진 논바닥 같은 길, 자갈밭 길을 걷는다. 태양이 아직도 장난이 아니지만 신앙의 조상들은 40년도 걸었는데…… 하며 겨우 40분을 걸었다. 이 넓은 광야를 걸으며 어찌 불평을 안 했겠는가. 백성들의 원망, 모세의 고충이 피부로 느껴지는 감사한 시간이었다.

시나이 산 등정

날이 어둑해서 시나이 산 밑 호텔에 도착했다.

다음 날 집합을 하기로 약속한 시간은 새벽 1시. 자는 둥 마는 둥 설치다가 룸메이트와 나는 12시가 되자 일어나 버렸다. 워낙 대가족이라 조금씩 늦어져 한 시 반에 호텔을 나선 일행은 자동차로 10여 분 달려 시나이 산 바로 아래서부터 걷기 시작했다. 칠흑의 밤, 평화방송사에서 미리 나누어 준 손전등을 하나씩 들고 돌뿐인 산길을 오른다. 밤하늘은 너무나 가까이서 우리를 맞는다. 헤아릴 수 없이 많은 별빛을 보내어 어둠을 밝혀주고 앞길을 인도한다. 저렇게 큰 별, 저렇게 밝은 별, 저렇게 많은 별을 다른 어디서 보았던가. 하느님께서 아브라함에게 별처럼 많은 후손을 주리라고 말씀하신 게 금세 이해가 되었다. 도심에서는 상상도 할 수 없는 별이다. 주먹 같이 크고 밝은 별이 금세 머리 위로 쏟아질 것 같다. 하늘은 둥글게 호를 그리며 금방 닿을 듯 우리 앞을 막고 있기에 더욱 쏟아질 것 같이 느껴지는 것이리라. 하늘이 평행선으로 멀리 트인 것이 아니라 산과 닿아 있어, 지구가 둥글다는 말도 실감했다.

길은 한 줄기 좁은 외길. 걸핏하면 한 쪽이 절벽으로 된 위험한 길이었다. 그것도 걷기에 불편한 돌길, 바윗길. 그 좁은 길로 웬 낙타는 그리도 많이 다니는지. 가는 도중 간간이 쉼터도 나오고, 그때마다 낙타꾼들은 우리를 유혹한다. 우리가 낙타를 보고 "낙타" 하고 말하면 낙타를 타겠다고 부르는 줄 알고, "타요?" 하며 얼른 다가온다. 우리나라 사람이 여행을 많이 가다보니 그 정도 우리말은 다 알아 듣는 것이다. 그곳 사람들은 생계비를 벌기 위해 애가 타는데, 참 미안하지만 우리는 낙타를 피해 걷는다. 낙타를 타고 가다가 사고를 당하기도 했다고, 될 수 있으면 타지 말라는 가이드의 말을 들었기 때문이다. 가이드는 절벽 쪽으로 걷지 말라고 계속 이르지만 낙타를 피하다 보면 절벽 쪽으로 걸을 수도 있어 불안

하다. 별빛에 손전등 빛이 있다고는 해도 산길은 어둡기 그지없고, 가도 가도 끝이 없다. 우리 일행 말고도 함께 오르는 이들이 많아, 구불구불 손전등 빛과 함께 사람의 행렬도 끝이 없고.

거의 세 시간 남짓을 걸었을 때, 막바지가 나왔다. 이제 완전히 가파른 돌계단이다. 숨이 차다. 다리가 후들후들. 지팡이를 준비해 온 건 아주 잘한 일. 하나 둘 셋. 가까스로 밟아 오른다. 그때다. 여기저기서 소년이 나타난다. 도우미 노릇을 하겠다는 '헬퍼'다. 다 왔으니까 그냥들 가세요. 가이드가 말하지만 유난히 따라 붙는 소년을 나는 도저히 내칠 수가 없다. 어두워서 내 나이를 짐작할 순 없을 텐데, 왜 이렇게 끈질기게 졸라대나. 텐 달라. 텐 달라. 소년의 목소리가 애처롭다. 나는 결국 그 소년에게 내 몸을 의지하기로 한다. 그래. 만 원 돈을 기꺼이 쓰마. 그것도 적선이지. 소년에게 팔을 맡긴다. 한결 수월하다.

후유. 드디어 정상에 도착했다. 쉼터가 있고, 간이 화장실도 있다. 살겠다. 먼저 도착한 일행은 여기저기 바위 끝에 앉아서 동쪽을 향해 해돋이를 기다린다. 나도 그들 사이에 자리를 잡는다. 아직도 올라오는 사람들의 행렬은 구불구불, 반짝반짝, 반딧불이 꼬리를 물고 날아다니는 것 같다.

이윽고 해오름이 시작되었다. 시계를 보니 5시 30분. 모두들 환호하며 사진 찍으랴 탄성 지르랴 바쁘다. 태양은 언제나 하느님. 해돋이를 볼 때마다 주님 얼굴 뵙는 듯해 가슴 뛰지만 시나이 산에서는 더욱 그랬다. 주님, 저희에게 자비를 베푸소서.

황홀한 미사

해가 다 오르기를 기다려 하산을 한다. 그곳은 바위뿐이었으므로 조금 내려가서 미사를 드리기로 한다. 모두가 설 만한 비탈을 골라 자리를 잡는다. 모두들 돌에 바위에 걸터앉는다.

먼저 인도자 차동엽 신부님의 간단한 강의를 듣는다.

"이곳은 누가 뭐래도 종교 일번지입니다. 여기서 모세가 받은 10계명은 세계 종교 절반의 토대가 되지요. 유대교, 이슬람교, 기독교, 모두다 그 계명을 바탕으로 하고 있습니다. 그 중에서도 하느님 사랑, 이웃 사랑, 두 가지는 어느 종교도 부인하지 못합니다. 최후의 가치는 사랑이지요. 생각해 보세요. 하늘 나라에 들면 믿음, 소망은 필요가 없지요. 이미 이룬 것 아닙니까? 최후에 남는 것은 사랑뿐입니다. 우리는 이 지상에서 사랑 나누기 연습을 많이 해야 천국에 들어 행복을 누리지요. 사랑 나눌 줄 모르는 사람이 천국에 들면 지루하기 짝이 없을 것입니다. 서로 사랑 많이들 나누십시오. 특히 이번 여행 중에서도 기회를 놓치지 말고 사랑을 나누시기 바랍니다."

지당하신 말씀. 여기서 사랑할 줄 모르고 살았던 사람이 천국에 든다고 어찌 사랑을 하랴. 남들 사랑하는 것 보고, 멀뚱멀뚱 재미없어 하다가, 나 천국 싫어요, 할까?

어디선가 읽은 구절이 생각난다. 천국과 지옥으로의 행보는 하느님의 심판에 의해서가 아니라 자신의 선택에 달려 있는 것이라고. 남을 헐뜯고, 미워하고, 매사 부정적인 발언을 재미삼아 사는 사람이 어찌 천국에서 즐거움을 찾으랴.

곧 미사가 시작되었다. 하늘이 뻥 뚫린 자리. 하느님이 금시라도 나타나주실 것 같은 시나이 산에서의 새벽미사는 황홀 그 자체다. 여기저기서 우리 일행 아닌 사람들이 모여든다. 상당수의 외국인도 눈에 띈다. 유럽 여행객인지, 피부가 하얗다. 우리는 주님 안에 하나! 함께 미사를 드린다.

이번 여행을 준비하면서 나는 매일 미사에 넣을 예물 봉투 열 개를 준비했었다. 모두 기도가 필요한 사람들 이름을 하루하루 적었는데, 그 중 오늘 것은 이해인 수녀님의 건강을 위한 것. 지난 여름부터 암투병을 하고 계시는 수녀님을 위한 기도가 가장 절실했던 것일까. 집에서 봉투를 쓸 땐 어디서 드릴 미사인 줄 모르고 썼으니 말이다.

"지금 이곳은 하늘이 뻥 뚫려 있습니다. 여러분도 하느님 아버지께 마음을 열고 통성 기도 한번 해 보십시오" 신부님 말씀을 듣고, 나는 부끄러움을 무릅쓰고 소리를 내었다.

"주님, 지난 몇 십 년 동안 주님을 찬미하고, 동시대 사람들의 영혼을 맑혀주던 시인 클라우디아 수녀를 기억하시지요? 부디 그에게 자비를 베푸소서. 그리고 수녀님, 부르면 하느님께서 손 내밀어

주실 것 같은 시나이 산에서 기도 드립니다. 부디 쾌유하소서."

미사를 마치고, 돌길, 바윗길을 되짚어 하산을 한다. 어젯밤 어둠은 온데 간데 없고, 다시 뜨겁게 달구어진 태양빛이 내리쬔다. 모두들 선글라스를 찾아 끼고, 모자를 쓴다.

일행이 호텔에 도착했을 때는 9시 반. 늦은 아침식사를 마치고, 나그네는 또 떠날 채비를 한다. 이제는 모세의 탈출 경로를 따라 요르단으로 넘어가기 위해 국경지대를 향해 떠난단다. 시나이 반도여 안녕. 이집트여 안녕.

2008년 10월

포도원의 샘, 아인 카렘

이스라엘 성지 중 내 머리 속에 가장 아름답게 각인된 곳은 〈아인 카렘〉이다.

도시만 아름다운 것이 아니라, 그 이름 또한 아름다웠다. '아인'은 '샘', '카렘'은 '포도원'이라니, 〈포도원의 샘〉이다. 예쁘지 않은가.

그곳은 예루살렘에서 서쪽으로 6km쯤 떨어진 유다 마을이라고 한다. 역사적으로는 세례자 요한이 태어난 땅이자 성모 마리아님께서 엘리사벳을 방문하여 3개월간 머무셨다는 곳이다.

베들레헴에서 버스를 타고 달리는데, 새로 칠했는지 차선도 산뜻하고 길도 깨끗했다.

그곳에 들른 날은 9월 30일. 마침 유대인들의 새해 아침이라고 한다. 전날 저녁 해질 때부터 새해 연휴가 시작되었다고 길거리가 한산하기 이를 데 없었다. 어쩌다 제법 큰 건물도 보이긴 했지만, 포도나무, 올리브 나무를 비롯해 이름 모를 풀과 꽃들이 더 많이 눈에 뜨이는 아름답고 사랑스러운 시골 마을이었다. 기차역도 보였는데 이곳에서 수도 텔아비브까지 한 시간 반쯤 소요된다고 한다.

이 도시에서 처음 들른 곳은 〈세례자 요한 기념 성당〉.

이 성당은 본래 5세기 경에 세워졌지만 파괴되었다가 십자군 시대에 재건되었으나 그 후 이슬람의 침입으로 완전히 파괴되었는데, 17세기 프란치스코 수도회에서 다시 복구를 시작하여 1885년에 보수 개축된 것이 현재의 모습이라고 한다.

성당 밖에서 세례자 요한의 탄생을 기뻐하며 아버지 즈카리야가 읊은 '즈카리야 노래'를 봉독하고 들어서니, 왼쪽 벽에 여러 나라 말로 그 노래가 적혀 있었다. 오, 입구에서 아주 가까운 곳에 우리 한글이 보인다. 브라보! 1988년도에 봉헌된 것이었다.

성당 안으로 들어가 제대 왼쪽 지하로 연결된 계단을 내려가니 동굴이 있었다. 이곳이 바로 세례자 요한의 탄생지라고 한다. 그리고 그 경당 제대 앞에 라틴말로 '여기에 주님의 선구자가 나셨다'라고 씌어 있었다. 나에게 각인된 그분에 대한 생각은 무엇인가. 성경 말씀이 떠올랐다.

'나는 내 뒤에 오실 분의 신발 끈을 풀어드릴 자격도 없다',
'나는 한없이 작아져야 하고, 그분은 커지셔야 한다',
그분의 한없는 겸손의 말씀이 가슴을 적셔왔다.

다음으로 방문한 곳은 〈성모 마리아 엘리사벳 방문 기념 성당〉.
아인 카렘은 나자렛에서 무려 100km나 떨어져 있다고 한다.
버스로는 2시간이면 가능하지만 당시 나귀를 타거나 도보로 걸어
오셨을 성모님은 사오일 걸렸을 것이라는 가이드의 설명을 들었
다. 임신 초, 임신 6개월쯤 된 사촌 엘리사벳을 찾아가는 성모님
을 떠올려 보았다. 아직 남자도 모르는 어린 나이에 가브리엘 천
사로부터 수태 소식을 듣고 황당했을 소녀 마리아. 어디다 말도
못하고, 벌벌 떨었을 마리아. 그래도 유유상종이라고 임신 중인
사촌 엘리사벳에게 하소연하고 싶었을까. 그 발걸음이 오죽이나
무거웠을까.
방문 기념 성당은 아인 카렘의 가장 높은 곳에 위치하고 있었
다. 올라가는 길에 뽕나무들이 많았다. 안으로 들어서니 엘리사벳
과 마리아를 나란히 세운 동상이 서 있었다. 임신 중인 두 여인, 우
리는 누가 더 배가 부른가를 가늠하며 어느 쪽이 엘리사벳이고, 어
느쪽이 성모 마리아인가를 짐작해 보았다. 성당 정면에는 동정 마
리아가 나귀를 타고 나자렛에서 아인 카렘을 찾아 여행하는 모습
이 모자이크로 묘사돼 있었고, 성당 앞 뜰 벽에는 마리아의 찬가

'마니피캇'이 액자로 걸려 있었는데, 45개국에서 보내온 것이란 다. 바로 가까운 곳에 우리말이 있어 반가웠다. 하단에 보니 '1978년 아킬로 한솔'이라고 쓰여 있었다. 가이드가 누군 줄 아느냐고, 국회의장도 하셨던 분이라고. 내가 대뜸 '아, 이효상 님' 했더니 "맞습니다" 한다.

60년대 장면 총리, 이효상 국회의장 등이 가톨릭 신자로 모범을 보여서 긍지를 가졌던 기억이 새로웠다.

세례자 요한의 부모인 즈카리야와 엘리사벳의 집터에 세워졌다 는 이 성당은 원래 비잔틴 시대와 십자군 시대에 지어졌으나 파괴 되고, 1938년 프란치스코 수도회에서 이탈리아의 유명 건축가 발 루치에 의뢰해서 짓기 시작해 1955년에 완공한 것이라고 한다.

뜰에는 커다란 향나무, 그리고 백유도화 홍유도화 등이 어우러 져 꽃을 피우고 서 있었다. 문득 터키 에페소에서 본 '성모 마리아 의 집'과 분위기가 흡사하다는 생각이 들었다.

성당 안 정면에는 하늘의 성인 성녀들과 지상의 믿는 이들에게 둘러싸인 성모 마리아의 초상이 있고, 양옆에는 세례자 요한의 아 버지 즈카리야와 어머니 엘리사벳의 입상이 서 있었다. 양쪽 벽에 는 커다란 프레스코화. 모두 성모님의 영광과 승천에 관한 그림으 로 매우 아름다웠다. 특히 뒷면을 가득 채운 그림. 성모님이 아기 예수님을 안고 있는 모습이 어찌나 아름답던지, 한 줄기 빛이 쏴아 쏟아지는 것 같았다.

우리는 그 성당에서 인도자 차동엽 신부님의 강의를 듣고, 미사를 드리기로 하였다. 일행 150명이 앉으니 보기 좋게 꽉 찬다.

"이곳은 엘리사벳과 성모님, 두 분의 만남이 이루어진 장소이지요. 태중에 있는 세례자 요한과 예수님의 첫 만남의 장소이기도 하구요. 어린 나이에 임신한 몸으로 먼 길을 터벅터벅 찾아온 성모님의 마음을 헤아려 보세요. 그리고 지금껏 여러분들의 모든 만남에 대해서도 묵상해 보세요. 만남은 참으로 소중하지요. 누구를 만나느냐에 따라 삶이 바뀌기도 합니다. 이곳에서도 주님을 만나시기 바랍니다……"

문득 많은 만남이 떠올랐다. 주님과의 만남, 성모님과의 만남, 나를 세상에 태어나게 해 준 조부모님, 부모님, 막내인 나를 정성껏 돌봐준 언니 오빠. 사랑으로 가르쳐준 스승님들, 특별히 내 문학의 아버지 황순원 선생님. 30년을 동고동락한 남편, 참사랑이 무엇인가를 깨닫게 해 준 내 아이들, 긴 세월 친 자매처럼 지내온 친구들, 직장동료들, 나를 행복하게 해 준 제자들, 같은 길을 걸으며 마음을 주고받는 문우들, 그리고 퇴직 후에 만난 차동엽 신부님과 〈참 소중한 당신〉 가족들……

미사를 드리는데, 내내 눈물이 났다. 그동안 좋은 만남을 풍성하게 허락하셨던 주님께 감사, 감사! 그리고 나를 사랑하고 아껴준 모든 사람들에게 감사하는 눈물이었다.

가는 곳마다 현지 성당의 제의를 빌려 입고 미사를 드리는 우리 신부님, 오늘은 제의가 황금색인데 우아하기 그지없다.

미사 후, 밖으로 나와 뜰에 서 있는데, 신부님이 나오신다. 신부님을 모시고 다니는 권천수 형제님이 사진을 찍어 주겠다며 신부님 곁에 세워준다. 젖은 눈으로 신부님과 함께 사진을 찍자니 더욱 느낌이 많았다.

만남. 신부님과의 만남이야말로 내 노후에 하느님께서 주신 최고의 축복! 2004년 3월 〈참 소중한 당신〉 창간과 더불어 관계를 맺고 그분이 하시는 하느님 사업에 남은 힘을 보태고 있으니 나는 퇴직 후 새로운 영적 직장을 얻은 게 아닌가.

아름다운 도시 아인 카렘!

내 인생의 모든 만남을 상기시켜 준 이곳을 오래 기억하고 싶다.

2008년 10월

성모님 발현 성지를 순례하고

십여 년 전부터 품어온 소망 하나가 있었다.

성모님 발현 성지 순례!

세상만사 다 그렇지만, 여행이란 참 묘한 것이어서 자기가 계획한 대로 이루어지는 것이 아니었다. 경비 조달, 건강 상태, 시간 여유 등 삼박자가 맞아야 하기 때문에 계약금을 내고 짐을 챙기다가 취소하는 경우도 있었다. 그러기에 하느님이 허락하시지 않으면 어떤 일도 할 수 없다는 결론이 나오게 되는 것 같다.

금년으로 칠순을 맞은 나는 더 이상 미룰 수 없다며 성모님 발현 성지 순례를 계획했다. 많은 사람들이 메주고리예를 권했지만 기왕이면 먼저 발현하신 곳부터 다녀오고 싶어 루르드, 파티마 쪽을 택했다. 마침 평화방송 여행사의 상품이 나의 일정과 맞아 계약금을 내고 그날부터 꿈에 부풀었다. 그런데 하필이면 '신종 플루'가 퍼지면서 어찌나 뉴스에서 떠들어대는지 가족들이 걱정을 하기 시작했다. 하지만 성모님의 초청인데 무얼 망설이랴, 주님께 의탁하고 기꺼이 떠나 마침내 소망을 이루고 무사히 돌아왔다.

처음 도착지는 벨기에 고원지대에 있는 시골 마을 바뇌(Banneux).

이곳은 공인된 발현지 중 가장 최근의 성지로 1933년 1월부터 3월 사이에 열두 살 소녀 마리에트에게 성모님께서 자그마치 여덟 번이나 나타나셨다는 곳이다. 1차 대전이 터지자 근처 사람들이 이 산골로 피난하면서 자기들이 살아남는다면 이 마을을 '우리의 모후 바뇌'라 부르자고 약속했는데, 아닌 게 아니라 부근 마을은 잿더미가 되었지만 이 마을은 그대로 보존되었다고 한다.

가난한 사람들이 모여 사는 그곳, 베코 씨의 맏딸인 마리에트는 동생들을 돌보며 대자연을 만끽하는 것이 고작이었고, 학교 공부도 못하고 교리 지식도 거의 없었다고 한다. 동생을 기다리며 창밖을 내다보고 섰는데 갑자기 정원에 아름다운 부인이 서 계시는 것을 보고 어머니에게 알렸지만 허튼 소리 말라고 야단만 맞았다고. 그러다가 두 번, 세 번 계속 나타나시면서 세상에 알려지고, 치유와 회개의 기적을 일으켜 1949년 성지로 공식 발표되었다고 한다.

마리에트에게 발현하실 당시 주민은 325명. 성모님은 그들의 마음을 아셨는지, "나는 가난한 이들의 동정녀이다"라고 자신의 신원을 밝히시고, 병자들을 위해서 기적의 샘물 자리도 알려 주셨다고 한다. 소녀에게 다섯 번째 오신 날은 루르드 발현 75주년 기념일이었는데, "나는 고통 받는 사람들을 위로하기 위해서 왔다"고 목적을 밝히시고, 마지막 여덟 번째 발현 때는 "나는 천주의 모친이며 구세주의 어머니다"라고 우리의 믿을 교리를 직접 확인시켜 주시며 기도를 많이 하라고 당부하셨다고.

안내를 맡아 주신 분이 한국인이라 더욱 반가웠다. 43년 전 그곳 수도원에 들어가 지금까지 살고 계신다는, 등이 굽을 대로 굽은 87세의 한국 수녀님. 지금은 수도원이 문을 닫을 정도로 어려워졌다는 말씀을 듣고 마음이 아파 일행은 한마음이 되어 성금을 내놓고 왔다.

전나무 숲, 공기 맑은 그곳에서 묵은 하룻밤은 은혜로웠다. 새벽에는 성지 주변을 돌며 샘물도 마시고, 어둠 속에 훤히 불 밝히며 서 계시는 성모님 상 앞에서 기도 드리고, 오전에는 순례자들과 함께 미사도 드렸다. 전례기 통일되어 있어 세세 어니서나 아부 불편 없이 미사를 드릴 수 있다는 것은 얼마나 자랑스럽고 기쁜 일인가. 게다가 우리는 한국 수녀님 덕분으로 시작 성가, 마침 성가를 부를 수 있어 더욱 기뻤다.

두 번째로 방문한 곳은 프랑스 남서부 피레네 산맥 북쪽 산기슭에 자리한 루르드.

이곳은 1858년 2월부터 7월까지 하얀 베일과 파란 색 허리띠를 두른 아름다운 모습의 성모님이 14세 소녀 벨라뎃타 수비루에게 열여덟 차례나 발현하신 곳이라고 한다. "나는 원죄 없이 잉태된 자"라고 밝히시고 회개와 기도를 당부하셨다는 곳. 루르드 샘물의 원천을 가리키며 병자들의 치유를 약속하신 곳. 기적수로 널리 잘 알려진 곳이다. 그곳에서 우리는 무려 세 시간을 기다렸다가 차디찬 물에 몸을 담그며 몸과 마음을 정화했고, 철철 흐르는 기적수를 원 없이 마셨다. 세계 각국에서 몰려온 순례자가 얼마나 많은지 한마디로 인종 박람회, 언어 박람회, 휠체어 박람회장 같았다. 저녁 때는 성체를 앞세우고 사제들, 장애인들, 일반 순례자들 순으로 긴 행렬을 이루어 성지를 돌다가 수만 명이 들어간다는 성당에서 성체강복의 시간을 가졌고, 밤에는 성모님 서 계신 동굴 앞에서 촛불을 켜 들고 묵주기도를 드리는 등 갖가지 행사를 치렀다. 생각했던 것보다 훨씬 엄청난 곳이었다. 호텔도 많고 가게도 많고, 성모님 덕분에 먹고 사는 사람이 헤아릴 수도 없이 많았다. 우리는 너나 할 것 없이 가게마다 팔고 있는 물통을 사서 기적수를 담아 가지고 왔다.

세 번째로 찾은 곳은 포르투갈 리스본 북쪽에 자리한 작은 도시 파티마.

이곳은 1차 세계대전이 한창인 1917년 5월부터 10월까지 13일마다 여섯 번을 계속하여 루치아, 히아친타, 프란치스코 등 세 어린

목동에게 발현하신 곳. 세계 평화가 이루어지도록 매일 묵주기도를 바칠 것을 청하시고, 사람들이 이를 행하면 러시아는 회개할 것이라는 메시지를 주신 곳이 바로 이곳이다. 마지막 발현이 있었던 10월 13일에는 포르투갈 전역에서 7만 명이 몰려와 비를 맞고 묵주기도를 바치는데, 번개 속에서 성모님이 나타나 슬픈 표정을 지으며 "열심히 기도하여라. 전쟁이 곧 끝나고 군인들은 집으로 돌아올 것이다. 인간들은 이미 너무도 상심해 계시는 주님의 마음을 더 이상 아프게 해 드려서는 안 된다"고 말씀하시며 손가락으로 하늘을 가리키자 갑자기 비가 멎고 태양이 지상으로 떨어지는 듯해 놀란 군중들이 진창 위에 무릎을 꿇고 기도했다는 곳이다. 그 뒤 모든 신자들이 성모님 말씀대로 열심히 기도해 공산주의를 무너뜨렸으니 기도의 위력을 여실히 증명한 곳이라고 할까.

여러 행사가 있었지만, 밤 촛불 행렬이 가장 인상적이었다. 수많은 여행객들이 촛불을 들고 서 있는 앞으로, 장정 네 사람이 인간 크기의 아름다운 성모상을 어깨에 메고 등장했는데, 어찌나 환상적이던지, 마치 우리 앞에 진짜 성모님께서 나타나신 것만 같았다. 여기저기서 사진을 찍느라고 바삐들 움직였지만 나는 그 아름다운 모습을 놓칠세라 줄에서 이탈하지 않고 졸졸 따라다니며 경내를 한 바퀴 돌았다. 어머니, 어머니, 부르면서.

세 곳의 성모성지 중 바뇌는 아주 조용하고 조촐하고, 루르드는 너무나 엄청나서 그 감동을 글로 다 표현할 수도 없고, 파티마는 그 중간이라고 할까. 그래서 더욱 경건하게 느껴졌고, 무엇보다 공산주의의 붕괴를 예언한 곳이기에 나로서는 가장 의미 있는 곳이었다.

아무튼 순례 기간 내내, 성모님은 필요할 때마다 나타나시어 주님의 구원 사업에 동참하고 계시다는 생각, 가난하고 소외된 마을에 나타나 주민들을 먹여 살린다는 생각을 떨칠 수가 없었다.

십여 년 품어 온 소망을 아시고 저를 불러주신 성모님!
감사, 감사합니다.

2009년 9월

빙하의 나라, 알라스카

1996년 여름, 남편 친구들 몇 쌍의 부부가 함께 알라스카 여행 길에 올랐다.

한국에서 밤 8시 반경에 출발한 우리는 다시 같은 날 9일 오전 알라스키에 도착해 하루를 벌어들인 것도 기쁜데, 공항 곳곳에서 한글 표지판을 만나 무척 놀랍고 반가웠다.

관광버스를 타고 시가지에 들어서니 첫 눈에 들어온 것은 호수. 이곳은 삼천여 개의 강물이 흐르고 삼만여 개의 호수가 있단다. 그래 그 호수를 경비행기가 뜨고 내리는 수상비행장으로 쓰고 있다고. 비행기는 개인용 비행기라 5인승 정도였는데 바퀴를 다느냐 빼느냐에 따라 육상에도, 얼음판에도 착륙할 수 있게 고안되고 한 대당 값은 20만 불. 그렇게 비싼데도 이곳 사람 100명당 한 명

꼴로 소유하고 있다고.

1964년 발발한 진도 8.4~9.2의 어마어마한 지진 현장을 둘러보았다. 지금은 나무들이 자라 있어 짐작하기 어려우나 땅이 여기저기 움푹움푹 패여 있었다. 그곳에 대한 설명과 함께 지진 발생권 약도가 붙어 있었는데 일본은 영락없이 그 권내에 들어 있고 우리나라는 다행히도 저만큼 떨어져 있었다.

거리에서 두드러지게 느껴지는 것은 큰 건물이 없고, 가로수가 전혀 없다는 것. 전체적으로 땅이 넓고 황량한 느낌. 타다 남은 재처럼 시컴시컴한 빛깔이라 자꾸만 T.S. 엘리엇의 '황무지'가 연상되었다. 날씨는 섭씨 13도. 떠나올 때 34도의 더위는 언제였던가 싶다. 이곳은 겨울 평온 영하 10도, 여름엔 14도 정도란다.

유람선을 타고

포테이지 역에서 유람선을 타고 빙하를 구경하는 날이다. 버스를 타고 역을 향해 가는데 불모지 투성이다. 해협가 산마루에는 인디안들의 집. 이리 가나 저리 가나 왜 원주민들은 한 쪽 구석으로 밀려나가 살아야 하는지. 그들은 미국인들로부터 크게 보상을 받아 기름장사, 고깃배 등 상권을 잡게 되고 특히 고래는 원주민만 잡을 수 있는데 그것도 일 년에 두 마리만 허용하며 절대 팔지는 못한다고.

버스로 한 시간 반쯤 달려서 일행은 포테이지 역에 도착했다.

이곳에서는 기차에 버스가 통째로 실려서 빙하를 보러 가게 된단다. 우선 우리는 조그마한 건물 안으로 들어서 일부러 갖다 둔 얼음 조각을 먼저 보았다. 옆에 확대경이 놓여 있다. 육안으로는 그 얼음 조각 위에 검은 실오라기 같은 것이 보였는데 확대경을 통해 보니 지렁이였다. 꿈틀꿈틀 살아 있는 지렁이. 와, 저 차가운 얼음 위에 지렁이가 서식하다니!

건물 유리창 밖은 바다였다. 큰 빙하가 여기저기 물에 떠 있다. 날씨만 좋으면 얼음덩이가 바다로 떨어지는 것을 직접 볼 수 있다는데 계속 비바람이 불고 있어 불가능했다.

그곳을 나와 버스로 조금 달리니 포테이지 역이 나왔다. 듣던 대로 버스가 통째로 기차에 실린다. 한 대도 아니고 여러 대다. 정말 신기한 구경거리다. 앞차가 실리는 것을 보니 그 기차 위는 통 판니무로 되어 있는데 실린 버스가 앞으로도 가고 뒤로도 간다. 신기하여라. 이 철도는 1940년대 만들어진 것으로 당시 석탄 등을 실어 나르던 군수물자 수송용이었단다. 가는 도중 터널을 둘이나 지나게 된다는데 조금 가다가 기차가 갑자기 후진을 한다. 레일을 바꾸어 바다 쪽으로 전진하는 것이라고. 주변에는 수많은 자동차들이 주차되어 있었다. 개인들이 이곳까지 자가용으로 왔다가 기차로 바꿔 타고 40분 거리에 있는 위디어 항으로 빙하 구경을 가는 것이란다.

다행히 날씨가 개었다. 높은 산 위의 글레시어가 보인다. 계속 들어가면 콜롬비아 글레시어를 보게 되는데 바다 끝에 있는 것, 산 중턱에 있는 것, 떠밀려 오는 것, 떨어져 내리는 것 등 네 종류의 글레시어를 볼 수 있는 곳이라고. 화장실까지 달린 45인승 대형 버스를 타고 기차에 실려 흔들흔들, 참으로 신기하기만 하다.

드디어 미국 본토와 알라스카를 잇는 곳이라는 위더어 항구에 도착.

여기서부터는 기차에서 내려 다시 유람선으로 바꿔 탄다. 이층으로 된 큰 배에 올랐다. 미국인 일본인 한국인이 각각 비슷한 비례로 타고 있었다. 모두들 나이 지긋한 중노들. 이쯤의 나이가 되면 여행을 즐기는 건 인지상정인가 보다. 배에 오르자 선상에서 늦은 점심 식사. 3시 30분이다. 빵에, 연어와 야채를 곁들인 식사였다.

식사 후 이층으로 올라가니 훨씬 잘 보인다. 곳곳에 물에 잠겨 있는 빙하 덩어리. 산에서 떨어져 내린 글레시어는 가지각색 모양으로 수도 없이 물 가운데 누워 있다. 모양도 다양하지만 그 빛깔 역시 얼마나 아름다운지. 비취라 할까. 옥이라 할까. 푸르스름한 덩어리들이 바다 속에 산이 되어, 집이 되어, 또 다른 마을을 형성하고 있다. 고개를 들어 저만큼 산 중턱을 바라보니 시커먼 동굴 안에서 빙하 녹은 물이 폭포처럼 쏟아진다. 콸콸, 콸콸. 한도 끝도 없는 글레시어. 꼭대기부터 물 자락 끝까지 그저 눈산이다. 저런 빙하가 자그마치 4킬로미터까지 뻗어 있단다.

어머나, 저것 좀 봐! 높은 산 중턱에서 큰 빙하 덩어리가 쏟아진다. 모두들 탄성. 집채보다 더 큰 덩어리가 높은 곳에서 와르르 무너져 내리더니 풍덩, 바다 속으로 빠진다. 그와 동시에 둔탁한 소리 사위를 울리고 물 가장자리에 하얀 물보라가 화악 일어난다. 그리고 흰 얼음 조각들로 물가는 더욱 풍성해진다. 누군가가 말했다. 야, 저걸로 팥빙수 만들면 평생 두고 먹겠구나. 하하. 모두 웃었다.

콜롬비아 글레시어를 보러 가기 위해 우리의 배는 계속 달린다. 안으로 깊이 들어가면서 더욱 파도가 심해졌다. 선원들이 들락거리면서 괜찮으냐고 묻는다. 일 층에서는 일본인들이 너도나도 토하고 고통스러워한다고. 가이드가 한국인은 모두 슈퍼맨, 슈퍼우먼이니 걱정 말라고 한다. 우스웠다. 사실 우리가 점심을 먼저 먹고 올라왔으니 망정이지 저들처럼 나중 먹었더라면 영락없이 토했을 것이 아닌가. 먼저 먹은 것도 미안했는데, 또 그렇다니 두 번 미안해졌다.

오만 가지 모습의 빙하

하나 둘 바다에 둥둥 떠 있는 글레시어들이 나타난다.

집채 덩이만 한 것, 여행 가방만 한 것, 침대만 한 것, 경주 왕릉만 한 것, 둥둥, 둥둥……

저것들은 대개 물 위로 삼분의 일만 떠 있는 것이라니 실제로는 저보다 훨씬 큰 것이라고 한다. 놀라워라. 시야를 멀리로 뻗어 보니 망망대해. 간간히 조그마한 섬들도 보인다. 이런 광대무변의 공간을 몇 날 몇 달씩 달리며 탐험에 나섰던 쿡 선장의 고독과 용기를 되새기며 새삼스러이 큰 박수를 보내 보았다.

곳곳에 글레시어, 글레시어, 멈추어 있는 것도 있고 떠가는 것도 있다. 두둥실, 둥둥. 황새 모습, 고래 모습, 어머, 저건 우리나라 거북선, 저건 내 고향 뒷동산, 저건 사파이어 조각, 비취 조각, 옥구슬. 오, 저건 성모 마리아! 영락없다. 아기 예수를 안고 있는 피에타 상이 바로 저기도 있구나. 가지가지 모습의 글레시어를 보며 나는 황홀경에 빠진다.

고개를 들어보니 주변에는 빙산이 없었다. 그렇담 멀리서 떠내려온 것일 듯. 이곳 알라스카에는 10만 가까운 글레시어가 있는데 이곳 콜롬비아 글레시어가 가장 큰 곳이란다. 빙하의 나이는 일만 년으로 잡는다고 하니 참으로 아득히 먼 옛날이구나.

저들 얼음과 부딪치면 얼음이 깨지는 게 아니라 배가 깨진단다. 그래서 우리 배는 가까이 접근을 못하고 뱅글뱅글 주변만 맴돈다. 하오 7시, 콜롬비아 글레시어 절정의 장소 도착. 이건 완전히 얼음들의 전쟁이다. 푸른 바다는 간 곳 없고 사방에서 얼음조각들이 부서지고 깨어지고 조각나고 가루나고……

후유, 바라보기만도 숨 가빠 헐떡이다가 그곳을 빠져나오니 갑자기 파아란 바다. 드디어 전쟁이 끝나고 평화가 찾아온 듯. 후유.

마침내 안도의 한숨을 돌린다.

때마침 선원들이 얼음덩어리를 큰 그릇에 담아가지고 들어온다. 어린이 몸체만 한 얼음덩이다. 꼭 크리스탈 그릇 같다. 멀리서는 그렇게 희고 푸르스름하던 것이 가까이 보니 투명하기 그지없다. 영락없는 크리스탈이다. 모두들 손으로 만져본다. 나는 그걸 손으로 찍어 맛을 보았다. 달콤하다. 이 얼음은 칵테일용으로 쓰이기에 아주 비싸게 팔리고 있단다.

일행이 목적지인 발디지(Valdeg) 항구에 도착했을 때는 하오 8시. 이곳은 1964년 대지진 때 소멸된 도시를 1마일 떨어진 곳에 옮겨 재생한 곳이란다. 알라스카의 돈줄인 기름을 이곳에서 옮겨 받아 세계 각국으로 보낸다고. 항구 주변에 하얀 운무가 긴 능선을 이루며 뻗어 있다. 곳곳에 불을 켠 유조선들도 보이고 집들도 보인다. 8시가 넘었지만 아직도 훤하다. 지루했던, 그리고 멀미 때문에 고생스러웠던 6시간의 항해가 드디어 끝난 것이다.

우리는 한국인이 경영한다는 중국집 '복궁'(福宮)으로 들어갔다. 놀라워라. 이 골짜기에까지 한국인 식당이 들어서 있다니! 오랜만에 푸짐한 저녁에 수박까지 먹고 발디지 비행장에서 다시 알라스카 행 비행기를 탔다.

메켄리 봉우리 아래서

이튿날 아침, 호텔 앞에 나서자 정한 간격으로 서 있는 가로등에 대롱대롱 매달아 놓은 꽃바구니가 줄줄이 보인다. 꽃은 자잘한 안개꽃 비슷했고 빛깔은 주로 보랏빛. 어쩌다 흰빛, 분홍빛도 있었다. 공중에 화분을 매달았는지 꽃들이 줄기지어 좌좌 늘어져 있어 바구니처럼 보인 것. 하도 앙증스러워 꽃 이름을 물으니 물망초란다. 그리고 이 알라스카 주화이기도 하다고. 아하, 난 문득 생각했다. 꽃말이 forget me not 이었지. 미국은 러시아로부터 이 땅을 사들여 49번째의 주로 만들었다는데 본토에서 너무 멀리 떨어져 외따로 있기에 행여 잊힐세라 응석을 떠는구나. 이름만 듣고 꽃말만 기억해 온 그 물망초를 이 거리에서 실컷 보게 되어 반가웠다. 석탄, 석회 등으로 구성된 땅이라 나무가 없으니 그렇게라도 해야지 싶었다.

얼마 후 원주민 촌 타케티나에 도착. 이곳은 저 유명한 메켄리(Mckinry) 봉 등반의 시발점이라고 한다.

6,194킬로미터의 고산준령. 산 입구에 이 산을 오르다가 조난 당한 사람들의 기념 공원이 있었고 그들을 기념하는 비석들이 나란히 서 있었다. 이리 저리 구경하다 보니 우리나라 사람 고상돈, 이상명, 김기원 씨 등의 비석이 보였다. 그 중 고상돈 씨 것이 가장 크게 자리 잡고 있어 일행은 숙연히 묵념도 하고 기념 촬영도 했다.

頂上의 大韓 男兒 高相敦, 李壹教 젊은 넋이여!
겨레의 기상 싣고 흰 상봉에 늘 머물거라.

땅에서 치솟은 하늘 드높이 다다른 世界의 영봉 매킨리 頂上에 태극기
휘날려 나라와 겨레의 슬기를 누리에 떨치고 1979년 5월 29일 未明 그
淸淨한 자락에 묻히니 山으로 불타는 向念을 中途에 멈춘 젊은 넋을
달래고 不退轉의 그 뜻을 기려 여기 돌을 세우니 부디 모진 비바람에
견디고 日月과 더불어 오래거라.

1989. 5. 29. 한국일보사

재미 대한 산악연맹

비문을 읽으며, 나는 아아, 꽃이라도 한 송이 있으면 바칠 텐데,
하고 안타까이 생각히다가 그 주변에 남쪽담쪽 자리한 클로버 밭
을 보고 달려가 굵고 건강해 보이는 꽃 세 송이를 꺾어다 비석 앞
에 바쳤다.

점심 후 5인용 경비행기를 타고 메켄리 봉 주변을 돌며 또 빙하
구경을 했다. 오만 가지 모습의 빙하. 가끔은 빙하가 녹아 자그마
한 웅덩이를 이룬 곳도 있었는데 판판하고 새파란 게 반짝반짝 빛
나 유리조각으로 착각되었다. 3만 개의 호수가 존재한다더니 정말
호수가 지천이다. 그리고 그 깊은 산자락 호숫가에는 예쁜 집들이

한두 채씩 꼭 있다. 부자들의 별장이라고. 그네들은 수상비행기를 타고 호수에 내려서 오솔길을 타고 그 예쁜 집으로 들어간단다. 돈은 온갖 사치를 낳게 하고, 그 사치는 아름다움이 되기도 하고, 예술이 되기도 하는가?

아니, 그런데 이게 웬 일? 인간이 만든 아름다움이 제아무리 현란하다 한들 어찌 저 자연의 조화를 따르랴. 갑자기 비행기 창에 무엇이 닿는다. 오오, 눈이다. 눈. 보송보송 하얀 눈. 어머나! 우리가 소리 지르니 조종사가 웃는다. 자주 보는 현상에 놀랄 것도 없다는 눈치다. 세상에 이 여름에 눈이라니. 안 그래도 봉우리에 하얗게 쌓여 있는 눈이며 온갖 빙하 덩이 때문에 시야는 온통 하얀색인데 게다가 현재진행형의 눈까지 보태주시다니! 성가 2번이 저절로 터져 나왔다.

"주 하느님 지으신 모든 세계 내 마음 속에 그리어 볼 때……"

연어 낚시를 즐기다

오늘은 연어 낚시를 하기로 되어 있는 날. 네 명씩 조를 짜서 조그마한 차를 탔다. 뒤에 배까지 한 척 싣고 달리던 아저씨가 강가에 도착하자 차에서 배를 내려, 일행을 태우고 배를 젓는다. 이리저리 고기가 잘 잡힐 만한 곳을 찾아 안으로 들어간다. 그는 이런저런 설명을 해 준다. 한 사람 두 사람 연어를 낚는다. 나도 할 수 있을까? 오, 고마워라. 나에게 행운이 왔다. 생각보다 재미있었다.

일행 중 낚시꾼이 있는 저 쪽 배에서는 정신없이 잡아대어 우리를 기죽인다. 그래도 열다섯 마리나 잡고 강에서 나왔다.

오는 길에 일행 중 한 분이 어디서 술을 좀 살 수 없겠냐고 물어 정차해 보니 그 오지에 우리 한국인 가게가 있었다. 놀라워라. 맥주와 위스키를 사 들고 그의 사업이 번창하기를 진심으로 빌며 나왔다. 차를 타고 아까 떠났던 FISH CAMP 자리로 돌아오니 하나 둘 다른 일행들도 온다. 그곳엔 관광객이 잡아 온 연어를 걸어 놓을 수 있는 장치를 마련해 두어 우리가 잡은 연어를 모두 걸었다. 아저씨는 이제 또 노련한 칼잡이가 된다. 쓱싹쓱싹, 연어의 머리를 떼고 창자 떼고 손질하여 각자 잡은 만큼 상자에 담는다. 호텔에 가서 급랭시켜 한국까지 가지고 가는 것이란다. 한 사람이 세 마리까지는 가지고 갈 수 있다고. 야아, 한국까지?

일행은 즉석에서 사시미를 먹고 싶다고 그에게 부탁한다. 한 마리를 쓱싹쓱싹 멋지게 썰어준다. 준비해 긴 간장 고추장 가져다 놓고 즉석 사시미 파티. 술까지 준비해 왔으니 무얼 더 바라랴. 곧 이어 도착한 일행들 모두 합세하여 연어 한 마리가 잘도 팔려 나간다. 점잖기만 하던 일행들 금세 웃음소리로 와자지껄. 역시 먹는 것은 좋은 것? 더구나 한 잔 술은 서로를 활짝 열게 하는 것?

여자들은 여기 와서 가는 곳마다 주는 연어 요리에 질렸다고 사양. 한 점만 먹어보라는 남편들 성화에 한 입 먹었다가 그 싱싱하고 달콤함에 반하여 계속 집어 먹는다. 식당에서 소금도 안 뿌리고 밍밍하게 구워주던 연어와는 비교도 안 된다고 한 점 한 점 계속 집어 먹는다. 미국인들은 우리가 무슨 야만인이나 되는 듯 자꾸 쳐다보고 사진까지 찍는다. 아이고, 이국 땅 신문에 날까 무섭네. 함께 맛 좀 보라고 했더니 요리를 해야 먹지 그냥은 못 먹는다고 고개를 흔든다.

그러자 남편이 콩글리시 한마디.

"베리 딜리셔스, 인 코리아, 투 멘 이트, 원 맨 다이, 아이 돈 노우."

일행이 박장대소. 미국인들도 따라 웃는다. 무슨 말인지 짐작은 했을까? 여행 중 가장 즐거웠던 날. 모두들 개선장군처럼 의기양양하여 엥커레이지로 되돌아 왔다.

물망초들의 인사를 받으며

8월 13일, 마지막 날이다. 아침 식사 후 충분한 시간 있어 주변을 돌아보니 어디를 가나 길 가장자리 가로등 기둥에는 물망초 바구니가 줄지어 매달려 있다. 가로수가 없는 대신 저렇게 허공중에 대롱대롱 매달린 물망초가 거리를 지키나보다. 알라스카 주 고기는 연어, 꽃은 물망초. 떠날 때가 되어서인지 물망초들이 사방에서 반짝반짝 미소 지으며 좋알대는 것만 같았다.

"나를 잊지 말아 주세요. 알라스카를 잊지 말아 주세요."

물망초들이 흔들어대는 고사리 같은 손을 뒤로 하고 비행장으로 출발하면서 중얼거린다.

"알았어. 오박 육일. 잘 놀고 간다. 너를 잊지 않을게. 잘 있어. 알라스카! 거대한 땅, 황량한 땅, 그러나 환상의 빙하가 있고, 연어가 있고, 물망초가 있어 아름답게 기억될 알라스카여 안녕!"

1996년 8월

문학과 나 5

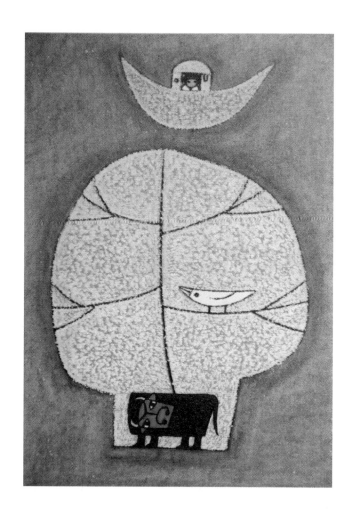

문학과 나

나의 등단 이야기

우리가 여학생이던 시절에는 너 나 없이 책을 많이 읽었다. 시나 소설을 읽지 않으면 친구들과의 대화에도 낄 수가 없을 정도로 문학과 더불어 살았다. 더불어 틈만 나면 독서 토론회를 가졌다. 운동장 가 클로버 잔디에서, 교정의 능나무 밑 벤지에서.

책 살 돈이 없으니까 학교 앞 서점에서 몇 십 원을 주고 빌려다보았다. 좋은 책은 저절로 입소문이 났다. 우리는 순서대로 이름을 적어 놓고 내 차례가 오기를 손꼽아 기다렸다.

광주여고 때, 국어를 가르치시던 최정순 선생님의 영향도 컸다. 세계 명작을 줄줄이 꿰면서 재미나게 이야기를 해 주시면 우리는 넋을 잃고 들었다. 그러다가 소설 속 주인공이 되어 먼 동경의 세계로 둥둥 떠오르곤 했다.

나는 언니 오빠 덕분으로 더 많은 책을 읽었다. 방학 때면 조부님 계시는 광양에 내려가 등잔불을 켜 놓고 늦도록 책을 읽었다. 어떤 땐 방문에다 담요를 쳐서 불빛이 새어나가는 것을 막고 읽었다. 기름이 귀하던 시절이라 잠도 안 자고 책만 읽는다고 조부모님한테 혼날까봐 언니랑 꾀를 부린 것이다. 그런 속에서 우리의 감수성은 자랄 대로 자라 마침내 멀리 바다로까지 뻗어 나갔다.

여름밤이면 조부님을 속이느라 댓돌 위에다가 헌 신발을 나란히 놓아두고 둘이서 시오리 길 너머에 있는 바닷가로 산책을 나가곤 했다. 세 살 위인 언니는 나보다 더 기억력도 좋고 감수성도 예민해 소설 이야기를 하면 끝이 없었다. 우리는 한적한 시골길을 걸으며 밤 깊는 줄도 몰랐다. 그러다가 바닷가에 이르러서는 신나게 노래를 부르고 시를 읊었다.

우리가 가장 좋아했던 시인은 정지용 님.

"얼굴 하나야 손바닥 둘로 폭 가리울 수 있지만,
보고픈 마음 호수만 하니 눈 감을 밖에……"

「호수」를 읊고 나면 연달아 「향수」를 읊었다.

"넓은 벌 동쪽 끝으로 옛 이야기 지줄대는 실개천이 휘돌아 나가고
얼룩백이 황소가 해설피 금빛 게으른 울음을 우는 곳,

그곳이 차마 꿈엔들 잊힐리야. ……"

그렇게 문학성을 키워 온 나는 고3 때 진학을 앞두고 많은 갈등을 겪었다. 한국동란 때 부모님을 잃고 조부모님 보살핌으로 중고등학교를 다니는데, 그게 너무 죄송해서 진학을 포기해야 되지 않을까 하는 생각이 들었던 것이다. 그리고 책을 많이 읽다 보니 무언가 인생 공부를 많이 한 것 같고, 이 정도면 세상을 살아갈 수도 있겠다는 생각이 들었던 것이다. 그때의 그 주제넘고 건방진 생각을 떠올리면 지금도 참 많이 부끄럽다.

다행히 국어과 최정순 선생님의 사랑에 힘입어 나는 진학을 했다. 대학물을 일 년만 먹어도 크게 성장할 텐데 무슨 소리냐고, 호되게 야단을 치셨다. 그리고 마침 조선대학에서 장학생을 모집하고 있으니 당장 원서를 내자는 것이었다. 그곳에서는 일반 대학보다 빨리 12월에 장학생 선발 시험이 있었다. 내가 대학생이 된 것은 순전히 선생님 덕분이라 할 수 있다. 그래서 스승의 은혜는 하늘 같다고 하는 것이리라.

대학에 들어가 문학을 전공하면서 더 많은 작품을 읽었다. 고등학교 때 외국문학 중심으로 책을 읽던 나는 문학을 전공하면서 본격적으로 우리 문학을 접하게 되었다. 처음엔 시를 더 좋아해 많은 시인들의 시를 베꼈다. 한 자 한 자 정성껏 베끼고 있으면 그렇게 행복할 수가 없었다. 그 때 베낀 시 공책이 모두 네 권. 지금도 보배처럼 간직하고 있다.

물론 소설도 많이 읽었다. 친근하기 이를 데 없는 우리 소설을 재미나게 읽어 가면서 나의 마음은 차츰 이태준 님, 이효석 님, 그리고 황순원 선생님의 작품에 매료되었다.

졸업 후, 나는 교사가 되고 싶었지만 하필 그 해 채용고시가 없어 공무원 시험에 응시했다. 덕분에 고향인 광양군청에서 3년을 근무했다. 그때의 일이다. 〈현대문학〉 정기 구독은 물론 월급 받기가 무섭게 책을 사다 읽었지만 그 좋아하는 독서로도 내 짙은 홀로감을 달랠 수가 없었다. 나는 무엇인가 쓰지 않고는 견딜 수가 없었다.

나는 날마다 무엇인가를 끄적거리다가 마침내 소설 비슷한 것을 한 편 썼다. 제목하여 「피어리어드」. 나는 이것을 정중한 편지 한 장과 함께, 평소 존경하던 황순원 선생님께 우송했다. 답장을 주시면 소설을 쓰고, 안 주시면 읽는 것만으로 만족하리라 단단히 결심을 하고서.

아, 운 좋게도 선생님은 엽서 한 장을 보내 주셨다. 소설 두 편만 더 보내달라는. 온 우주보다 더 커 보였던 엽서. 그로부터 우편지도를 받고 마침내 〈현대문학〉으로 등단했다.

1965년 3월의 일이다.

2002년 11월

보고 싶은 샤샤에게

친구야.

네가 떠난 지도 어느새 반 년이 가까워 온다. 너를 생각하자니 성모병원 영안실에서 있었던 마지막 작별의 장면이 떠오르는구나.

"아녜스 씨는 돌아가시기 진, 우리 병원에 시체를 기증하기로 서약해 주셨습니다. 이로써 이분의 시체는 2년 동안 의과대학생들 연구에 쓰인 뒤 화장해서 천주교 묘지에 안장하게 되며, 그 후 20년 동안 관리해 드리고 매년 위령미사를 드리게 됩니다. 본인과 가족들에게 진심으로 감사드립니다. 마지막으로 관을 내가기 전 유족과 친지들을 위하여 얼굴을 보여 드리겠습니다. 원하시는 분은 앞으로 나오셔서 작별 인사를 나누시기 바랍니다."

나는 세상 근심 다 털어내고 좁은 관 속에 편안히 누워 있는 너에게 다가가 눈물로 작별을 치렀다. 이미 피돌이가 끊겨 겨울 마당의 나무토막이나 돌처럼 차갑고 싸늘한 너의 얼굴을 쓰다듬고 또 쓰다듬으면서.

그렇게 너를 보내고 와서 나는 우리의 우정을 회고해 보았다.

너와 내가 처음 만난 건 광주여고 1학년 때였지. 전주여고에서 전학 온 나는 너와 같은 반은 아니었다. 그런데 어느 날, 국어과 최정순 선생님께서 우리 둘을 불러 아름다운 우정을 가꾸어 보라며 맺어 주셨지. 두 사람이 다 문학을 좋아하니 분명 인생길에 좋은 친구가 될 수 있을 거라고.

은근히 서로 호감을 갖고 있던 우리는 그 날 이후 대번에 친해져서 많은 시간을 함께 했었다. 교정의 클로버 잔디에서, 온실에서, 인근 꽃밭이나 식물원에서, 주말이면 교외의 호숫가에서, 우리는 해지는 줄도 모르고 그동안 읽은 시와 소설을 이야기하면서 행복을 누렸지. 그리고 부지런히 편지를 나누었다.

그 무렵 우리가 좋아했던 책을 너는 기억하니?

로제 마르탱 뒤 가르의 작품 『티보가의 사람들』 중 제 1장에 속하는 「회색노트」.

주인공인 열네 살의 자크와 다니엘은 비록 어린 나이지만 그들 나름대로의 정신세계를 갖고 날마다 편지를 쓰며 인생철학을 나누고 있었지. 우리는 그것이 마치 우리들 우정을 대변하는 것처럼 좋아하며 그 흉내를 내어 노트를 장만하고 틈만 나면 서로의 생각과 느낌을 편지로 쓰곤 했었지. 너는 '샤샤', 나는 '나나'라는 이름으로 둘만의 내밀한 시간과 공간을 마련하면서.

우리들의 공책을 간직하지 못한 게 늘 아쉬웠다만 「회색노트」를 가득 채웠던 그들 편지 중 다음 편지를 너도 기억하니?

"고민하고 사랑하고 희망하기 위하여 세상에 태어난 나는 희망하고 사랑하고 그리고 고민한다. 나의 인생담은 단 두 줄로 요약될 수 있다. '나에게 살아가는 동기를 부여해 주는 것은 사랑, 그리고 나에게는 하나의 사랑이 있을 뿐, 그것은 바로 너다'."

—자크가 다니엘에게—

우리는 그 옛날 열여섯 푸른 나이에 무엇을 고민하고 희망하였을까. 그건 잘 모르겠다만 우리가 서로 사랑하며 살아갈 힘을 얻었던 것은 자명하다.

샤샤.

이제 네 마지막 떠나던 날로 화제를 바꾸어 보자.

너의 시체 기증 소식은 평소 나의 결심을 실천에 옮기는 계기를 만들어 주었다. 나는 경로우대증을 받은 작년 말, 아이들을 불러 모으고 마지막 날에 대한 이야기를 구체적으로 꺼내면서 큰 딸 모교인 연대의대에 시체기증을 단단히 당부했던 것인데, 그 날 마음이 바뀌어 성모병원에 기증할 것을 결심했단다. 가톨릭 묘지에 안장해 주고 매월 위령미사를 드려준다는 말이 얼마나 반갑고 위로가 되던지.

그런데 그 날 총무과에 들러 서류를 얻고, 절차에 대해 들으면서 그것이 단순한 유언만으로 되지 않는다는 것을 알았다. 생전에 유족 두 사람의 지문날인을 받아 놓아야 한다는구나. 그것도 아들이 있는 사람은 꼭 아들이 끼어야 한다. 부모가 죽으면 모든 재산은 남매들이 똑같이 나누되 시체와 제사 용구만은 장남 몫이라는 사실도 이번에야 알았다. 너는 용케 그걸 잘 받아냈구나. 나는 요즈음 그걸 받아내기 위해 애들에게 갖은 애교를 떨고 있단다. 하느님 은총 아래 이 나이까지 건강히 잘 살았으니, 나도 무언가 보답을 하고 떠나야지 않겠느냐고.

샤샤.

그곳엔 병도 없고, 미움도 없고, 외로움도 없겠지?

사랑과 평화 가득한 하늘 나라에서, 이따금 이승의 일도 생각하며 무거운 짐 지고 허덕이는 우리를 위해 열심히 기도해 주기 부탁한다. 그럼 다시 만날 날까지 안녕.

2006년 가을에 나나

코스모스 꽃밭은 간 데 없고

1967년 가을, 나는 정든 호남지방에서의 교단생활을 청산하고 서울로 삶의 터전을 옮겨왔다.

첫 주소는 영등포구 상도 1동 74-1번지.

'한승막'이란 이름의 버스 정류장에서 오른쪽 골목으로 한참을 올라간 언덕배기에는 큰 저택들이 많았다. 그 중 한 저택의 귀퉁이에 어설프게 달아낸 판잣집에서 어머니와 함께 세 들어 사는 남자에게 시집을 온 것이다.

방 두 개를 사이한 곳에 작은 부엌이 있고, 아궁이는 밖에 있어 비가 오면 우산을 쓰고 연탄을 갈아야 했던 곳. 더운 여름이면 모퉁이 담 옆으로 돌아가 등목을 해야 했던 곳. 겨울이면 방안 온도가 영하로 떨어져 걸레가 얼고 잉크가 얼었던 곳.

그 무렵 서울의 겨울은 어찌 그리도 추웠던지. 그곳에서 큰 아이를 낳고 겨울을 맞았는데, 날마다 영하 10도를 내리 돌아 우리는 할 수 없이 석유난로를 피우고 살았다. 좁은 방, 장롱에 책장에 전축에 화장대까지 놓고 나면 겨우 이부자리 깔 정도만 남은 공간이었으니 난로는 당연히 이불자락과 맞닿을 수밖에 없었다. 그런 곳에서 밤 내 난로를 켜놓고 잠을 잤으니 지금 생각하면 아찔하다. 냄새도 냄새지만 불이 나지 않은 것이 천만다행이랄까.

한증막 버스길 가에는 하천도 있었다. 비가 오면 시커먼 물이 흐르며 금세라도 넘칠 것처럼 넘실대었다. 퇴근 무렵 갑자기 비가 오는 날이면, 나는 우산을 갖고 나가 버스 정류장에서 남편을 기다렸다. 하천의 물이 자꾸 불어 내 걱정을 돋우었다. 저 비 속에 사고 없이 잘 와야 할 텐데…… 나는 애를 태우면서 시내에서 들어오는 55번 버스를 목을 뽑아 기다렸다.

삐삐도 핸드폰도 없던 그 시절, 기다리다 기다리다 지쳐 돌아오면 5분, 아니 3분도 안 되어 남편이 뒤따라 비를 맞으며 들어오는 일이 있었다. '아이고, 조금만 더 기다릴 걸……' 부족한 나의 인내를 뉘우치며 속상해했던 기억도 새롭다.

몇 년 후 우리는 길 건너 숭실대학 쪽에 17평짜리 집을 장만하고 고대광실이라도 얻은 듯 기쁨에 들떠 잠을 이루지 못했다. 긴 골목의 끝에 있던 집, 작지만 마당이 있어 봉숭아, 채송화, 맨드라미,

과꽃 등을 피우면서 좋아했던 집, 그곳에서 나는 세 아이를 기르다가 막내가 기저귀를 걷었을 때, 복직을 하기로 결심했다. 뜻이 있으면 길은 있는 법, 날마다 신문광고란을 보다가 다이아몬드처럼 빛나는 교사 채용광고를 보고 과감히 뛰어들었다.

다시 찾은 교단에서 나는 행복을 만끽하며, 방 한 구석에 밥상을 갖다 놓고 밤중에 일어나 글을 썼다. 청탁해 준 편집인들에게 감사하며 식구들 얼굴에 불빛이 가지 않도록 스탠드에 수건을 얹어 빛을 가려 놓고 어떤 일이 있어도 기한 내에 원고를 써 보냈다. 많은 수필을 비롯해서 단편 「불고기」, 「아침화단」, 「정아 이야기」 등이 그곳에서 태어났고, 그 때 그 집, 그 골목까지 묘사되어 있는 글이 내가 아끼는 「유능무능」, 1974년 〈현대문학〉에 발표된 소설이다.

올망졸망 세 아이들을 데리고 우리 부부는 주말이면 숭실대학으로 나들이를 갔다. 그곳에는 공디기 많았는데, 악긴 경사진 언덕에 누가 씨를 뿌렸는지 코스모스 꽃밭이 한도 끝도 없이 펼쳐져 있어 나도 아이들도 좋아했다. 그곳에서 찍은 사진을 보면 지금도 행복에 젖는다.

나는 최근에 그 동네를 방문해 보았다. 전철을 타고 '숭실대 입구' 역에서 내리니 '상도 1동'이란 표시도 있었다. 어찌나 반가운지 대번에 숱한 계단을 걸어 올랐다. 그리고 밖으로 빠져나온 순간, 와, 탄성이 절로 나왔다. 변해도 너무나 변했구나.

우선 넓은 도로가 나를 압도했다. 처음 살던 동네 쪽으로는 '중앙 하이츠'가 우뚝 솟아 있고, 나중 이사한 숭실대 쪽으로는 '삼성래미안' 아파트가 솟아 있어 내 살던 집은 어디쯤인지 짐작도 할 수 없었다. 그뿐인가. 바로 전철역 입구에 숭실대 정문이 나 있고, 약간 곡선을 띠며 아름답게 설계된 숭실대 건물이 허공 중에 높이높이 솟아 있어 나를 더욱 놀라게 했다. 와, 변해도 너무나 변했구나.

나는 숭실대 안으로 들어서 여기저기 기웃거리며 우리 아이들의 천국이었던 코스모스 꽃밭을 찾았으나 불가능한 일이었다. 그 새 얼마나 건물이 많이 들어섰는지 어디가 어딘지 알 수 없고, 지금도 정문 주위에는 공사가 한창이었다.

서울특별시 영등포구 상도 1동.

내가 서울과 만난 첫 동네라, 말만 들어도 가슴이 설레는 곳. 그러나 30여 년 세월은 이토록 많은 것을 바꾸어 놓았다.

코스모스 휘들어지게 피었던 숭실대학의 언덕도 그대로 남았으면 좋았을 텐데…… 그랬으면 다들 장성해서 세파에 시달리는 우리 아이들을 데리고 하루쯤 동심의 고향을 찾아 나들이를 갈 수 있을 텐데…… 나는 무언가 귀한 것을 잃은 듯 허전한 마음이 되어 돌아왔다.

2006년 9월

문학과 나

모든 예술이 그렇듯 문학 역시 '아름다움'에 대한 추구요, 그 끝에서 얻게 되는 것은 '감동'이라고 생각한다.

내가 문학의 길로 들어서게 된 동기는 초등학교 3학년 때 담임선생님께서 고향 조부님께 쓴 편지를 보고, "넌 앞으로 문학을 했으면 좋겠구나"라는 칭찬 한마디를 던지신 것으로부터 시작된다.

언니 오빠 덕분에 어린이 때부터 책 읽기를 좋아하던 나는 중학교 때부터는 무언가 쓰기를 시작했고, 특히 일기를 매일 써서 지금껏 그 일만은 계속하고 있다. 바로 그 일기쓰기 습관이 소설로까지 이어진 게 아닌가 한다.

나는 사실 작품을 쓰기보다 읽기를 더 좋아한다. 좋은 문학작품을 읽고 있으면 가슴 가득 감동의 물결이 밀려와 마음이 순화되면서 지극히 평화로워지기 때문이다.

그런데 읽는 것만으로는 부족했던지 쓰지 않고는 못 배길 욕구를 못 이겨 무언가 소설 비슷한 것을 자꾸 끄적거리다가, 1965년 〈현대문학〉을 통해 황순원 선생님 추천을 받고 등단했다. 내 자신이나 이웃들의 삶 속에서 새롭게 보고 듣고 느낀 이야기들, 그것이 아무리 작은 것이라 할지라도 나에게 감동을 주면 그 감동을 다른 사람에게도 전해 주고 싶은 욕구가 일었던 것이다.

소설은 인간의 삶을 그린 것이다. 우리는 소설을 통해 각양각색의 삶을 만난다. 나는 내가 아는 만큼, 내가 보는 만큼의 범위 내에서 작지만 감동적인 삶, 아름다운 삶을 그려내고 있다. 그런 글로 사람들을 감동시켜 우리가 사는 세상을 좀더 아름답고 따뜻하게 만드는 데 일조할 수 있다면 보람 있는 일이 아닌가. 문학은 사람의 마음을 대번에 변화시킬 순 없지만, 서서히 스며들어 정서를 순화시키고, 그 순화된 정서로 살아갈 때 분명 악을 물리치고 선을 좇아 살게 되리라 믿는다.

나는 나 스스로를 '작은 풀꽃'이라 부른다.

장미꽃이나 해바라기 같은 화려하고 큰 꽃으로 감동을 주기도 하지만 제비꽃이나 채송화, 아니, 산이나 들에 피어 있는 이름 모를 풀꽃도 우리에게 감동을 준다.

독자들은 나의 작품에 대해서 대부분 비슷한 이야기를 한다.

"맑고 깨끗하다" "서정적인 분위기에 따뜻한 인간애를 담고 있어 잔잔한 감동을 준다"라고.

나는 아름다운 것은 선한 것이고, 선한 것은 아름다운 것이라고 믿는다. 결국 아름답고 선한 것은 그것이 아무리 작은 것이라도 우리에게 감동을 주기 마련이다.

내 가슴에 아직도 살아 있는 작품은 내 나이 스무 살 때 읽었던 헤르만 헤세의 『유리알 유희』. 그가 만년에 쓴 작품인데 너무나 감동적이어서 가끔 다시 읽곤 한다.

거기서 보여 준 맑고 순수한 정신의 세계, 오직 학문과 미에 대한 예찬과 명상들로만 존재하는 이상향 '카스탈리엔'은 바로 내 문학의 고향이다. 내게 있어 문학은 바로 그 특별 구역 카스탈리엔을 향한 여정이 아닌가 한다.

어쩔 수 없이 현실에 발을 딛고 살지만 나는 영혼의 정화가 필요했고, 그 정화의 세계로 향한 창이 문학이었다. 그런 의미에서 나의 문학은 종교와도 상통한다고 하겠다.

공교롭게도 내가 가톨릭에 입교한 것이 64년 12월이고 황순원 선생님의 추천으로 현대문학을 통해 등단한 것이 65년 3월이다.

나는 40여 년을 한결같이 문학과 종교라는 두 버팀목에 기대어 살아왔음에 감사한다.

등단과 함께 여자고등학교 교사 생활을 시작하여 30여 년 국어 교사로서 열심히 사느라고 많은 작품을 쓰지는 못했다. 그러나 문학에의 끈을 놓지 못해 소설을 쓰고 수필을 써서 몇 권의 작품집을 펴내게 되었다. 그러다가 1999년 명예퇴직을 하고는 더욱 문학에만 정진하여 소설집, 수필집, 창작동화 등 몇 권의 책을 더 펴냈다.

작년 봄에는 30여 년 교단경험에서 얻은 교육관을 바탕으로 혼신의 힘을 기울여 쓴 『그 영원한 달빛, 신사임당』을 상재해서 과분한 사랑을 받고 있다. 그 소설은 결코 나 혼자 힘으로 쓰지 않았다. 자료 수집에서부터 많은 분들의 도움을 받았고, 무엇보다 막힐 때마다 기도하며 썼으니 성령과 함께 썼다고 하는 게 옳을 것 같다.

그 소설을 발표한 다음 천년교육의 대안인 인성교육, 그리고 칠남매를 낳아 기르면서도 자아실현의 열정으로 많은 예술작품을 남긴 그분의 생애를 알리고 싶다며 여기저기서 강연 초청이 들어와, 뜻하지 않았던 강연도 다니게 되었다. 그러던 중 그분이 5만원권 화폐의 주인공으로 물망에 올랐다. 일부 여성 단체에서 뜻밖에 반대의 목소리를 높였지만 나는 전국을 돌면서 그분이야말로 대한민국 대표 여성임을 강조했다. 국민여론이 반영된다고 해 더욱 사명감이 느껴졌던 것이다. 마침내 그분은 주인공으로 확정이 되었다. 그러자 그분의 생애를 더 널리 알려야 한다며 출판사로부터 보급판을 내자는 제의가 들어와 분량을 좀 줄이고 새롭게 단장한 『대한민국여성 No.1 신사임당』을 지난 4월 상재했다.

이제 곧 그분 얼굴이 새겨진 5만 원권 화폐가 나온다고 하니 지금부터 가슴이 설렌다.

내 문학의 길에서 얻은 가장 값진 열매!

신사임당을 소설로 쓸 수 있도록 이끌어 주신 하느님께 감사드린다.

2008년 11월

내 문학의 아버지 황순원 선생님께

보고 싶은 선생님,

작년 겨울은 몹시 추웠습니다. 전 세계에 경제위기 한파가 몰려와 많은 사람들이 어려움을 겪고 있는데, 날씨까지 영하 10도를 웃도는 추위가 며칠씩 계속되곤 했거든요.

선생님께선 돈 걱정, 날씨 걱정, 병 걱정, 애증 걱정, 그야말로 아무 걱정 없는 그곳에서 지복직관(至福直觀) 누리며 행복하게 살고 계시는 거지요?

저도 문학과 종교라는 두 기둥 붙들고, 잘 살고 있습니다.

그리운 선생님!

선생님을 생각하자니 1960년대 초, 광양군 공보실에 근무할 때가 맨 먼저 떠오릅니다. 매월 〈현대문학〉 기다리는 즐거움으로 그 외로운 삶을 지탱할 때, 선생님은 제게 얼마나 큰 힘을 주셨는지요. 대학 시절 선생님 작품에 매료되어 도서관에서 선생님의 책이란 책은 다 찾아 읽고, 심지어 처녀 시집 『방가』는 정성껏 베끼기까지 했던 저. 그런 제가 광양 시절의 외로움 속에서 소설 비슷한 것을 써 가지고 용기를 내어 선생님께 우송해 놓고, 행운의 편지를 손꼽아 기다리던 그 시절, 한 달 만에 선생님의 답신을 접하고 온 우주를 얻은 듯 행복했던 그 시절을 저는 잊을 수가 없습니다. 그로부터 일 년 남짓 우편으로 지도를 받고, 1965년 3월 〈현대문학〉으로 등단을 했으니 벌써 44년 전의 일이 되었군요.

저는 선생님이 돌아가신 뒤, 선생님이 너무나 그리워 밤마다 선생님께 편지를 썼었어요. 그게 「가슴에 묻은 한마디」라는 추모소설이 되어 이듬해인 2001년 9월 〈월간문학〉에 발표를 했었지요. 뜻밖에 전국의 독자들로부터 많은 편지를 받았는데, 정작 선생님께는 보여 드릴 수 없다는 게 얼마나 슬펐는지요. 그러나 다행히도 사모님께서 1주기 성묘 때, 그걸 일부러 챙겨 들고 가 상석 위에다 얹어 주셨으니 선생님께서도 읽어 주셨지요?

저는 지난 설날에도 사당동 대림 아파트에 다녀왔습니다. 선생님은 안 계셔도 때가 되면 친정 나들이 가듯 선생님 댁을 드나들고 있어요. 사모님이 아직도 살아 계시다는 게 얼마나 감사한지요.

제가 사모님을 선생님 못지않게 좋아하는 것은 문학 이야기와 신앙 이야기를 함께 나눌 수 있기 때문입니다. 몇 해 전, 90세 되시던 해에는 이런 말씀도 하셨어요.

"주님께서 왜 나를 이토록 오래 살려 놓으시는지 궁금해 기도를 드렸더니 응답을 주셨어. 나라를 위해서 기도하라고, 젊은이를 위해서 기도하라고. 그래서 열심히 기도한다."

정말 감사한 일이지요. 쓸쓸하지 않으시냐고 여쭈면 새벽 5시부터 찾아와 온 세상 이야기 다 해 주는 친구가 있으니 괜찮다고, 환하게 웃으시며 탁자 위의 신문을 가리키는 사모님. 돋보기를 끼고 그걸 샅샅이 읽으시며 미담이 나오면 칭찬의 박수를 보내고, 가슴 아픈 이야기가 나오면 기도로써 마음을 보태시는 사모님. 수돗물 한 방울, 전깃불 한 등까지 아끼고 아끼시며 여기 저기 후원금을 보내시는 사모님. 자녀들에게 짐 되기 싫다고 혼자 취사를 담당하시며 운동 삼아 온 집안을 종종종 바장이시는 사모님.

그런 사모님에게 한 가지 고충이 있어요. 다른 데는 다 괜찮으신데, 귀가 어두워지신 것입니다. 보청기를 끼고 계시지만, 그것도 시원치 않은지 전화 통화도 불가능해졌습니다. 언젠가는 제가 찾아갔는데, 문을 안 열어 주셔서 되돌아 온 웃지 못할 일이 벌어졌답니다. 그래서 그 뒤부터는 위층에 살고 있는 아드님 황동규 선생 내외에게 미리 방문 시간을 알려 놓고 갑니다. 그들은 열쇠로 문을 따고 함께 들어가 주지요.

이번에도 며느님 고정자 선생과 함께 가서, 셋이 즐거운 시간을 가졌습니다. 옛날에 저희 내외가 오면 남편 스테파노가 선생님을 즐겁게 해드렸다는 이야기를 하셨어요. 그러다가 갑자기 사모님 친구 중에 유머 많은 분이 생각난다며 흉내를 내시는데, 얼마나 우습던지 하여간 셋이서 깔깔깔 많이 웃고 왔어요. 또 신앙 이야기를 하시다가 성경을 줄줄 외우시는 바람에 제가 두 손 다 들었지요. 한두 줄이 아니라 한 페이지가 넘도록 계속 외우시는 겁니다.

그런데, 헤어질 때는 저를 울리고 말았어요. 저를 꼭 껴안고 하시는 말씀.

"나를 위해 기도해 줘. 내가 살아 있는 동안 정신 놓지 않도록 말이야. 그래야만 안 선생 올 때 오늘처럼 즐겁게 이야기하고 놀 수 있지."

허리 굽고 등 굽은 95세의 양정길 권사님. 그럼요. 그럼요. 다른 건 다 쇠약해지셔도 정신만은 놓지 않으셔야지요. 선생님도 그곳에서 힘께 기도해 주세요.

선생님께서 그곳으로 이사하신 지도 어느 새 9년째가 되는군요. 일등 내조자 사모님 없이 어떻게 지내시는지요. 저는 가끔 이런 생각을 합니다. 남편 스테파노가 선생님과 똑 같은 날, 3년이나 먼저 갔으니 깍듯이 안내해 드렸을 것이고, 그 사람도 선생님 버금가게 책을 좋아하고 술을 좋아했으니 선생님 모시고 그곳 도서관에서 즐겁게 책을 읽다가 이따금 꽃밭에 나와 문학 이야기 안주 삼아 소주잔을 주거니 받거니 하고 있지나 않을까.

하긴 독서라면 사모님을 맨 앞에 세워드려야 해요. 문학소녀 출신답게 그 연세에 지금도 독서를 최고의 친구로 삼고 사시니 말입니다. 사실 선생님 추모 소설 「가슴에 묻은 한마디」도 맨 첫 독자가 되어 주셨고, 재작년에 펴낸 장편 『그 영원한 달빛, 신사임당』도 젊은 친구들보다 더 빨리 일주일 만에 독파하시고는 전화로 첫 독자반응을 주셨답니다.

"정말 좋은 소설 잘 썼다. 아주 감동적이야. 이건 전 국민이 읽어야겠구나. 수고했어."

그뿐입니까. 신사임당이 고액권 화폐의 주인공으로 확정되자 맨 먼저 전화를 주셨어요. 저보다 더 기뻐하시면서요. 선생님은 가셨어도 사모님이 계시니 저는 행복합니다.

선생님, 기쁜 소식이 있습니다.

선생님 가신 뒤, 양평에서 아주 고마운 일이 일어났어요. 맨 첫 시작은 중학교 국어 선생님으로부터였지요. 교과서에 있는 선생님 소설 「소나기」를 가르치다가 거기 '양평'이란 장소가 명확하게 나오니까, 혹시 선생님께서 양평에 사셨던 게 아닌가를 궁금히 여겨, 마침 그곳에 살고 있는 소설가 백시종 선생에게 물었더랍니다. 그러자 백 선생이 저에게 전화로 묻기에 저는 그렇지는 않다고 대답을 했었지요. 그러나 양평이란 지명이 그토록 확실히 나왔으니 의미 있는 일을 해 보자고, 백시종 선생을 중심으로 그곳 문화인들이 계속 논의한 끝에, 양평에 〈소나기 마을〉을 세우면 어떻겠는가 군수에게 건의해 호응을 얻었고, 마침내 가족과 경희대 제자들과도 상의하며 일이 본격적으로 추진되기 시작했어요. 사업은 점점 커져서 결국은 경기도청과 문화 관광부의 협조를 받게 되었답니다. 그러니까 군비, 도비, 국비 등이 합해서 100억 정도의 큰 예산으로 자랑스러운 〈소나기 마을〉이 세워지는 것입니다. 선생님의 묘역도 그곳으로 옮겨질 예정이라고 해요. 선생님께 대한 국민적 존경심이 그대로 반영된 향기로운 사업이지요. 이제 거의 완성이 되어서 오는 5월쯤 문을 연다고 합니다. 이번에 갔을 때, 사모님께서 그때 함께 가자고 하셨어요.

그리운 선생님,

이 편지 받으시면 하느님 졸라, 하늘과 땅 사이 인터넷 좀 개설해 주시고, 특별히 양평 행사 날은 하느님께 외출증 끊어가지고 스네싸노랑 함께 나들이 좀 오세요.

정말 뵙고 싶어요, 선생님!

선생님을 아버지로 모시는

안 영 실비아 올림

2009년 3월

소나기 마을에서 소나기 만나다

2009년 7월의 마지막 날, 불볕더위 속에 양평 '소나기 마을'을 찾아 나섰다.

소나기 마을이 개관되던 6월 13일, 사정이 있어 가지 못하고 안타까워했더니 송구스럽게도 사모님께서 전화를 주셨다.

"그날 사람이 너무 많아서 나도 제대로 못 봤어. 내가 언제 기회를 만들 테니, 우리 한번 따로 가서 둘러보자."

감사, 감사합니다.

그러나 긴 장마가 오는 바람에 한 달 넘게 시간이 흘렀다. 그러던 어느 날, 사모님께서 다시 전화를 주셨다. 운전해 줄 사람이 있어 넷이서 한 차로 가게 되었으니 시간을 맞추자고. 그렇게 해서 받은 날이 7월의 마지막 날이었다.

10시까지 사모님 댁에서 모이기로 했지만 혹여 늦을세라 서둘러 갔더니 9시 반 도착.

사모님께서 대문은 열어 놓고 계시겠지, 생각하며 막 아파트 현관으로 들어서는데, 이게 웬일인가. 아파트 현관 경비실 앞에 앉아 계시던 사모님께서 나를 반기며 "아하하하!" 호탕하게 웃으신다. 시원한 여름옷 차림에 곱게 화장까지 하고 계시니 95세의 할머니는 온 데 간 데 없고, 소풍가려고 시간을 기다리는 소녀의 모습만 또렷하다. 나도 활짝 웃으며 사모님을 반가이 안았다.

일행 두 사람도 바로 뒤를 이어 도착했다. 한 분은 소나기 마을 조성에 처음부터 끝까지 가장 수고하신 경희대 김종회 교수님의 부인으로 평소에도 사모님께 자주 드나들며 함께 예배도 보고 말 벗도 되어드린다는, 참으로 고맙고 고마운 한선희 집사님. 또 한 분은 경희대 영문과 졸업생으로 모교에서 교수로 봉직하다가 퇴직한 안영수 교수님. 그분도 나처럼 40여 년 선생님을 아버지로 모시다가 돌아가신 뒤에도 사모님을 자주 찾아뵙고 말벗이 되어드린다는 분이다.

사모님을 통해 말만 듣던 우리는 반갑게 인사를 나누고 한 집사님의 차에 올랐다.

"난 정말 기분 좋다. 이렇게 좋은 멤버들하고 함께 갈 수 있으니 말이야."

사모님의 즐거운 나들이를 축복해 주시는지, 새로 뚫린 춘천

도로도 시원스레 트여 있어 차는 순조롭게 달린다. 덕분에 한 시간도 채 안 돼 양평에 도착했다. 서종면에 드니 〈소나기 마을〉이라는 팻말도 보이기 시작한다. 목적지에 가까워지자 '황순원 문학촌'이라는 대형 현수막이 보이고 그 속에서 선생님은 활짝 웃으며 일행을 반기신다.

"사모님, 저기 보세요. 저기! 선생님이 마중 나오셨네요."

"아하하하하."

여학교 시절에 청순한 연애로 맺어 회혼식까지 치르며 해로하셨던 선생님과 사모님. 두 분 사랑의 깊이를 우리가 어찌 짐작이나 할 수 있을까.

현지에 이르니 촌장 김용성 소설가, 사무국장 김기택 시인 등이 일행을 맞아준다. 다행히 엘리베이터가 설치되어 있어 연로하신 사모님께 큰 도움이 되었다. 전시장에는 단체로 관람 온 학생들이 많아 기뻤다. 안내 데스크를 보신 사모님은 대번에 핸드백에서 돈을 꺼내신다. 입장권을 사시겠단다. 한 집사만 빼고는 모두 경로우대라 필요 없다고 해도 기어이 넉 장을 사셨다. 문학촌에 대한 알뜰한 애정의 표시를 누가 말릴 수 있으랴.

촌장과 사무국장의 안내를 받으며 건물 안을 돌아본다. 기대 이상으로 큰 시설. 지상 3층의 건물로 삶과 문학을 한눈에 보게 해둔 중앙홀을 비롯해 세 개의 전시실이 있었다. 가는 곳마다 과학기술과 손잡고 작가와의 만남, 작품과의 만남이 손쉽게 이루어질 수 있도록 현대식으로 제작되어 있어 놀라웠다. 단추 하나만 누르면 원하는 작품을 화면에서 눈으로 읽어볼 수 있었고 또 귀로 들을 수도 있었다. 감탄사를 연발하며 전시실을 돌다가 다리도 쉴 겸, 영상실로 들어가 의자에 앉았다. 애니메이션으로 만들어 상영하는 〈소나기〉를 관람하며 구경꾼의 재미를 더하는데, 갑자기 진짜 비가 뿌려졌다. 이게 웬 일? 하고 놀랐더니 특수장치를 만들어 소나기 체험을 시켜 주는 것이란다. 정말 여기저기 세심한 배려를 했구나! 우리는 계속 감탄, 감탄!

나에게는 또 하나 기쁜 일이 있었다. 전시실 대형판에 선생님의 추천을 받고 등단한 작가들의 명단이 나와 있었는데, 거기 '안 영'이라는 이름이 눈에 확 띄었던 것이다. 1965년 현대문학 추천 당시의 일이 먼 기억에서 아련히 떠올라 아늑한 행복에도 젖어 보았다.

실내 구경을 마치고 밖으로 나왔다. 이젠 선생님 묘소에 인사드릴 차례. 천안 공원묘지에서 소나기 마을로 이사 오신 선생님. 묘비에는 선생님 이름과 나란히 사모님 이름도 쓰여 있었다. 황순원 양정길. 본인의 이름을 보시고 사모님은 어떤 심정이실까. 아담하게 정돈된 유택 앞에서 옷깃을 여미고 섰는데, 갑자기 사모님께서 나를 부르신다. 돌아보니 핸드백 속에서 무엇인가를 꺼내신다.

"자, 이것 올려놓고 인사 드려." "무언데요?"

이상히 생각하며 받아보니 세상에, 지난 3월 〈문학의 집·서울〉

회보다. 내 글이 발표된 제 89호. 월간으로 나오는 그 회보에는 문인들끼리 주고받는 서간문 코너가 있는데, 원고 청탁을 받고 회신 없는 편지도 뜻있을 것 같다며 내 문학의 아버지 황순원 선생님께 편지를 올렸던 것이다.

벌써 몇 달 전 회보를 챙겨 오신 사모님. 아흔 중반의 연세답지 않게 항상 또렷한 사모님의 총기를 누가 따르랴. 나는 그 글을 상석 위에 얹어 놓고, 엎드려 깊은 재배를 올렸다. 존경하는 선생님, 아니 보고 싶은 아버지께.

인사를 마치고 일어나 주변을 살펴보니 아름다운 소나기 마을이 그림처럼 펼쳐져 있다.

소나기 광장, 수숫단 오솔길, 너와 나만의 길, 고백의 길…… 그야말로 선생님의 소설 「소나기」에 나오는 장면들을 그대로 재현해 놓고, 우리를 그 옛날 소년소녀 시절의 아름다운 추억으로 끌고 간다. 군데군데 수숫단도 서 있고, 자갈돌이 몽실몽실 보이는 맑은 개울물도 흐르고, 자연 그대로의 산자락 사이로 산책로도 트이고…… 이렇듯 정성들여 운치 있게 조성한 문학촌은 국내뿐 아니라 세계에서도 찾아보기 힘들 것 같다. 1만 6천 평에 달하는 일대의 야산을 문학 테마 파크로 조성했다니!

군비, 도비, 국비 합하여 100억 넘는 경비로 이루어 낸 이곳. 선생님께 드리는 국민적 존경심을 고스란히 담아낸 이 문학촌이야말로 대자연의 한 부분으로서 영원하리라.

산책로를 따라 한바퀴 돌고 싶었지만 사모님께 무리가 될 것 같아 묘소 앞에 선채로 눈요기만 하고 점심 식사를 하러 갔다. 자연 구경, 사람 구경, 전혀 쓸쓸하지 않으실 테니, 선생님 혼자 그곳에 남겨 놓고 떠나도 송구스럽지 않아 좋았다.

그런데 또 재미있는 일이 벌어졌다. 갑자기 소나기가 뿌리는 것이다. 영상실에서 인공 소나기를 만나고도 기뻐했더니 인제 또 하늘에서 진짜 소나기가 뿌려졌다. 아주 잠깐이지만 일행 모두는 마냥 기뻐하였다.

가까이에 있는 '서종 가든'으로 가서 마당 의자에 앉았다. 멋스럽게 차일을 쳐 두어 뙤약볕인데도 그늘을 지어주었고, 살랑살랑 바람이 불어 좋은 쉼터가 되었다. 우리는 두부전골을 먹으면서 이야기꽃을 피운다. 이 좋은 날 사랑 이야기가 빠질 수 있으랴.

안영수 교수가 선생님과 사모님의 연애담을 꺼내어 신나게 듣고 있는데, 사모님이 활짝 웃으시며 한 말씀. "우리 때는 연애라 해도 손 한번 잡아 본 일이 없었지. 아하하하하."

일행은 박장대소. 그럼요. 그럼요. 다 알지요. 그래도 눈맞춤은 하셨지요? 하하하하.

즐거운 한 때를 보내고, 밖으로 나오다가 우리는 또 놀랐다.

이번에는 진짜 소나기가 퍼붓는 것이 아닌가. 그야말로 폭염을 싸악 식혀주는 '스코올'이었다. 아니, 이럴 수가. 인공 소나기에서부터 조금씩 강도를 더해가며 세 번씩이나 만나게 된 소나기. 이거야말로 아무리 생각해도 예삿일이 아니다.

"선생님께서 사모님 오셨다고 좋아하시는 싸인 같아요."

운전대를 잡은 한 집사가 한마디.

"맞아요. 오늘 우리 선생님, 정말 기뻐하시나 봐요."

안 교수도 한마디.

와와, 창밖이 안 보일 정도로 퍼붓는 소나기. 운전자에겐 미안하지만 기분이 최고조에 달한 나도 한마디.

"사모님 오셨다고 우리 선생님께서 하느님 졸라 소나기 선물 주시네요."

십여 분 뒤 소나기는 어느 새 그치고 햇빛은 더욱 찬란해졌다. 딸처럼 살가운 한 집사가 댁까지 모시기로 하고 안 교수와 나는 마땅한 전철역에서 내렸다.

감사, 감사! 참으로 즐거운 하루였다.

2009년 9월

자운서원(紫雲書院)에서

금년 봄, 소설 『그 영원한 달빛, 신사임당』을 출간하고부터 내내 별러온 숙제가 있었다. 파주에 있는 '자운서원' 경내의 사임당 묘소를 참배하는 일이 그것이다.

책이 나오자마자 〈이 시대에 더욱 그리운 어머니, 신사임당〉이라는 제목으로 행복한 가정생활, 올바른 자녀교육을 위한 전국 순회강연회가 있어 서둘지 못하다가, 지난 7월 14일 총 22회의 나들이를 마치고 장맛비가 뜸한 18일 아침 일찍 집을 나섰다. 전철을 두 번이나 갈아타고 구파발에 내려서 파주행 시내버스를 탔다. 곧 은행나무 가로수가 인상적인 통일로를 달렸다. 잠자던 애국심이 깨어나는 시간. 주변의 녹음 짙은 산세를 구경하며 온갖 상념에 잠겨 있는데, 내 목적지인 법원리라는 안내 멘트가 나왔다.

마침 수필가 신윤자 소피아 씨가 그곳 문화유산 해설사로 봉사하고 있어 친절한 마중을 받고 파주의 특식 두부 정식을 대접 받은 후 자운서원으로 향했다.

오랫동안 마음에 그리던 〈紫雲書院〉. 현판이 보이자 나도 모르게 옷깃을 여미며 성호를 그었다. 경내에 들어서니 상서로운 기운이 온 몸을 감쌌다. 주변도 예사롭지 않았다. 잘 가꾸어진 뜰도 아름다웠지만 멀리 나지막한 산이 뱅 둘러 있어 마치 숲으로 담을 친 것 같았다. 그 산이 바로 자운산이라 했다. 율곡 선생 서거 후, 산 주변에 붉은 기운이 감돌아 붙여진 이름이라고. 아름다운 자운산 기슭에 율곡 선생과 사임당의 얼이 살아 숨쉬는 듯.

문우와 함께 기념관을 둘러보고 특별히 이종산 관리소장의 안내를 받으며 가족묘역으로 갔다. 완만히 비탈진 산자락에 세로로 나란히 세워진 다섯 기의 봉분. 그 중 사임당의 묘소를 맨 먼저 찾아 상석 위에 준비해간 책을 얹어 놓고 깊은 존경을 담아 재배하였다.

"늦었습니다. 용서해 주십시오"라고 속삭이면서.

이어서 율곡 선생의 묘소에 참배하고 관리소장의 설명을 들었다. 대부분 이미 알고 있는 사실이지만 몇 번이고 들어도 존경스러운 대학자의 삶을 진지하게 듣고, 오른쪽에 세워진 비석 앞으로 갔다. 그런데 거기서 나는 아주 특이한 환시 체험을 했다. 비석에서 여러 송이의 무궁화 꽃을 본 것이다. 어머, 무궁화! 라고 중얼거리고 있는데, 소장이 설명을 한다.

"이 비문은 1716년 율곡 선생의 후학인 월사 이정구 선생이 쓴 것이지요. 근데 이것 좀 보세요. 이곳이 한국동란 때 격전지였거든요. 이게 바로 총알 맞은 자국이지요."

"그래요? 근데 소장님, 이것 꼭 무궁화 꽃처럼 보이지 않습니까?"

"네……, 듣고 보니 그렇군요. 아주 비슷합니다. 이것도, 이것도, 정말 그렇습니다."

남은 몇 곳을 다 둘러보고 율곡 선생 영정 앞에 가서 참배하면서도 나의 머리에서는 묘비에 새겨진 무궁화 꽃모습이 떠나지 않았다.

신사임당 어머니가 율곡 선생을 수태할 때 별난 용꿈을 꾸었고, 또 출산할 때도 용꿈을 꾸었다는 이야기는 널리 알려진 사실이다. 그 꿈 덕일까. 선생이 13세 어린 나이를 시작으로 아홉 번이나 장원 급제하여 '구도 장원공' 이라는 별칭을 갖게 된 것은 결코 우연이 아닌 듯.

탁월한 정치가요, 사상가요, 교육자요, 철학자였던 율곡 선생. 예언자적 능력도 뛰어나 임진왜란을 예견하고 10만 양병설을 주장했던 율곡 선생. 진정으로 나라를 사랑하고 백성을 사랑하며 청렴의 본을 보였던 율곡 선생.

선생의 비석에 찍힌 총알 자국이 반세기가 지난 오늘 나에게 무궁화 꽃으로 보인 것이 신기하기만 하다.

내일 19일에는 공교롭게도 한나라당 대통령 후보 두 사람의 청문회가 있는 날이다.

진정한 목자 율곡 선생이 참으로 그립다. 그분과 함께 또 한분 내가 존경하는 다산 정약용 선생이 떠오른다. 그의 『목민심서』를 감명 깊게 읽으면서 '제발 나라 정치를 맡고 있는 어르신들이 이 책을 좀 숙독했으면!' 하고 안타까워하던 기억도 함께.

대통령 선거를 앞두고 자주 나라를 위한 기도를 드리게 됨은 나만의 정서일까?

하느님, 부디 우리에게 올바른 지도자를 뽑을 수 있는 지혜를 주소서.

2007년 7월

대구 왜관에 다녀와서

　금년 초 설날을 앞둔 주말, 평소 친하게 지내는 문우와 함께 경북 칠곡군 왜관읍에 갔다. 새해 벽두에 뜻있는 일을 해 보고 싶다며 친구가 성베네딕도 수도원에서의 피정을 제안한 것이다.

　왜관역까지는 무궁화호로 3시간 40분, 거기서 택시 기본요금으로 수도원에 도착할 수 있으니 교통은 좋은 편이었다. 100년 전 함남 덕원에 세운 독일계 수도원으로 해방 후 대구 왜관으로 옮긴 유서 깊은 수도원이다. 작년에 큰 화재를 당해 안타깝더니, 지금은 그 자리에 제법 높은 골조가 올라가고 있어 다행이라 싶었다.

　현재 그곳에 있는 수도자들은 20대에서 100세를 바라보는 분까지 70여 명. 완전히 한 가족이 되어 소리 없이 움직이는 그분들의 모습이 보기만 해도 경건했다. 하물며 그분들과 함께 미사를 드리고,

기도를 드릴 수 있음에랴.

우리는 열쇠 하나씩 따로 받아 방에 들어갔는데, 어찌나 추운지 방안에서도 코트를 벗을 수가 없었다. 건물에 들어서도, 식당에 들어서도, 그저 겨울인지 여름인지 분간도 안 되는 세속의 낭비가 참 많이 부끄러워지는 시간이었다.

저녁 식사 시간에 손님 용 식당으로 내려가니 젊고 예쁜 수녀님이 한 분 와 계셨다. 우리 셋은 또 하나의 가족이 되어 정갈하고 맛있는 수도원의 밥을 기쁘게 먹었다. 자연스럽게 통성명을 하다 보니 광주에서 오셨다는 마리 루시아 수녀님은 우리 두 사람의 애독자이기도 했다. 특히 최근에 펴낸 소설 『그 영원한 달빛, 신사임당』에 대한 이야기를 하는데 아주 정독을 한 분이구나 싶어 고맙고 기뻤다.

그런데 그분의 아름다운 사연이 저녁 식탁을 더욱 훈훈하게 했다. 할아버지 신부님을 뵈러 일 년에 두 번 정도 온다기에 친 할아버지는 아닐 테고, 종조부이신가 물었더니 그도 아니라고 했다. 알고 보니 입회할 때부터 지도해 주신 영적 보호자로 지금 95세의 할아버지시라는 것이다. 수녀님은 그분과 20년 넘게 편지를 주고받으며 위로와 힘을 얻어왔다고. 조금 전 미사 끝나고 나올 때, 할아버지 신부님께서 사랑 가득한 눈으로 수녀님과 대화를 나누던 모습이 떠올라 내 마음까지 지고의 사랑으로 훈훈해졌다.

이튿날 아침 그 고운 수녀님이랑 새벽미사도 함께 하고, 식사도 함께 한 뒤 그분은 일정이 바빠 떠나고, 우리는 아침 식사 후 자유 시간이 주어져 나들이 길에 나섰다. 언제부터 가 보고 싶었던 〈구상 문학관〉을 찾아 나선 것이다.

수사님한테 물으니, 도보로 20분쯤 거리에 있다기에 걷기로 했다. 대구 사람들이 최근 들어 가장 춥다고 하는 영하 10도가 넘는 날씨. 우리는 코트깃을 여미며 기어코 택시의 유혹을 물리쳤다. 멀리서 〈구상 문학관〉이라는 팻말을 발견했을 때 얼마나 반갑던지.

한국 가톨릭계 평신도의 대부. 존경하는 시인. 특히 우리들에겐 가톨릭 문인회 회장을 지내셔서 더욱 가깝게 느껴지는 선생님.

실내에 들어서니 관계자가 그분의 삶을 담은 영상을 먼저 보여 주었다. 바로 곁에 계신 듯, 항상 아버지 같으시고, 따스함이 넘치시던 그분 모습이며 음성을 다시 들을 수 있어서 기뻤다. 그분에 관한 기사들을 두루 살펴보며 미처 몰랐던 상황도 알게 되어 기뻤고, 무엇보다 내가 좋아하는 그분의 시 「꽃자리」가 그곳 학생들의 붓글씨로 전시되어 있어 무척 반갑고 기뻤다.

반갑고 고맙고 기쁘다.
앉은 자리가 꽃자리니라.
네가 시방 가시방석처럼 여기는
너의 앉은 그 자리가 바로 꽃자리니라.
반갑고 고맙고 기쁘다.

그런데 그 무엇보다 나를 기쁘게 한 것이 있었다. 여직원이 서재도 구경하라며 우리를 2층으로 안내했는데 그곳은 완전히 도서관이었다. 이 많은 책을 어떻게 보관하셨을까. 개인이 보내온 것만 아니라, 온갖 월간지까지도 다 꽂혀 있었다. 뒤통수를 얻어맞은 듯 놀라고 있는데, 여직원이 나를 한 쪽으로 데리고 간다.

　"안 영 선생님 책은 여기 있어요."

　세상에…… 1974년도에 펴낸 『가을, 그리고 산사』, 81년에 펴낸 『아픈 환상』 등 내 소설집이 얌전히 꽂혀 있는 게 아닌가.

　평소 한 사람 한 사람을 소중히 대해 주시는 어른으로 소문난 분이긴 하지만 참으로 놀라웠다. 더불어 엔돌핀 솟는 기쁨을 느꼈다. 와, 이런 분이셨구나……

　그동안 이사할 때마다 월간지는 물론, 많은 책들을 도서관이나 부녀회관 등에 보내며 없앴던 자신이 그렇게 부끄러울 수가 없었다. 나는 그분에게서 참 겸손의 본을 보았다. 다른 사람을 소중히 대하는 태도, 그보다 더 큰 겸손이 어디 있겠나?

　나는 그곳에 다녀온 뒤 여기저기서 보내오는 책을 버리지 못하고 거실에 쌓아두고 있다.

　이래저래 즐거운 여행을 허락해 주신 주님께 감사!

2009년 3월

오, 이런 기쁜 일이!

　지난 5월 9일, '인간개발 연구원' 주관으로 강릉시청 공무원을 대상으로 한 강의가 있었다.

　연구원에서 11시까지 차를 보낸다고 하여, 머리 손질을 하려고 9시쯤 집을 나섰다. 미장원은 아파트 단지 내 상가 건물에 있었는데, 입구에 있는 화장실부터 들렀다가 미장원으로 갔다.

　그런데 머리를 하고 돈을 지불하려고 보니 지갑이 없었다. 그 순간 생각이 났다. 아차, 화장실에다 두고 왔구나! 얼른 뛰어가 보았지만 없었다. 그것은 돈만 넣는 지갑이 아니라, 운전 면허증, 신용 카드 등이 모두 들어 있는 작은 핸드백이었다. 대부분 화장실이 그렇듯 그곳도 문 안쪽에 핸드백 걸이가 있었으므로 거기다 얌전히 걸어 놓고 그냥 나왔던 것이다.

아아, 이를 어쩌면 좋은가. 가슴이 두근두근. 빨리 강릉 갈 준비도 해야 하는데, 어쩌지? 행여나 하고 이 칸 저 칸 다 들여다보았지만 없었다.

나는 다시 미장원으로 가서, 사정 이야기를 하고 돈은 내일 가지고 오마고 하니 그들도 함께 걱정하며 어서 가서 신용 카드부터 신고하라고 했다. 나는 경황 중에도, 혹시 현금만 꺼내고 지갑은 쓰레기통에 버릴 수도 있으니 건물 청소하는 분에게 말이라도 해 달라고 부탁하고 그곳을 나왔다.

아, 이를 어쩌나. 곧 차가 올 텐데 언제 신고를 하나. 걸핏하면 앵무새가 나와서 이걸 눌러라, 저걸 눌러라, 전화 한번 하기가 얼마나 힘들다고!

집으로 돌아오는 발걸음이 천근만근이었다. 일진이 나쁜 건가? 오늘 강릉 가는 길은 무사할까? 강의는 잘 할 수 있을까? 공연히 불안해지면서 이것저것 불길한 상상이 더욱 나를 괴롭혔다. 그러자 갑자기 '주님 백성이 이래서야 되나, 어떤 상황에서도 하느님께 의탁하고 보호를 빌어야지' 하는 생각이 들어 고개를 살래살래 저으며 기도를 드렸다.

"하느님, 제게서 불길한 생각일랑 거두어 주세요. 차분히 신고하고 제 시간에 잘 떠날 수 있도록 도와주세요. 준비한 강의도 제대로 할 수 있도록 제 마음을 진정시켜 주세요."

나는 떨리는 마음을 애써 달래며 집으로 돌아왔다.

그런데, 아파트 문고리를 잡아 돌리려는 순간 거기 걸린 우유 주머니가 다른 때보다 무겁게 느껴졌다. 우유는 아까 꺼냈는데 왜 이렇게 무겁지? 나는 이상해서 주머니 속을 들여다보았다. 무언가 가 들어 있었다. 그런데, 아니, 이럴 수가!

내 손지갑이 그 속에 얌전히 들어있었다. 나는 내 눈을 의심하 며 혹시 환상이 아닐까 싶어 보고 또 보다가 꺼내 들었다. 틀림없 는 내 지갑이었다. 지퍼를 열어 보니 모든 것이 그대로 있었다. 운 전면허증이 맨 앞으로 나와 있었고, 작은 쪽지에 "화장실에서 주 워 갖다 두고 갑니다"라는 글이 적혀 있었다.

면허증에 적힌 우리 집 주소가 눈에 들어왔다. ○○ 아파트 몇 동 몇 호. 아아, 이것을 보고 우리 집까지 와서 넣어주고 간 것이구 나. 세상에…… 이 사람은 누굴까? 세상에 이렇게 고마울 수가! 주 님, 감사합니다.

나는 얼른 들어와 미장원에 전화를 걸었다. 너무 기뻐서 맨 먼 저 소식을 전한다고. 우리가 이렇게 좋은 세상에 산다고. 좋은 사 람이 더 많다고.

나는 그래도 기쁨을 다 전하지 못한 것 같아 미장원으로 뛰어갔 다. 그들은 바쁜데 내일 오시지 왜 또 왔느냐고 한다. 아니, 카드 신고할 시간도 벌었는데, 어찌 안 올 수 있나요? 나는 돈을 지불한 뒤, 이 기쁜 소식을 오늘 손님들에게 많이많이 전해 주고, 그 당사 자에게 오늘 하루 기쁜 일 많이많이 있기를 빌어 달라며 미장원을 나왔다.

그리고 나를 데리러 온 기사에게도 차를 타자마자 그 소식을 전했고, 강의 중에도 그 소식을 전했다. 항상 험한 기사만 신문에 나서 그렇지, 사실은 좋은 사람이 더 많은 아름다운 세상이라고 힘주어 말하면서.

아, 누구였을까.

"주님, 감사합니다. 그 사람에게 축복 듬뿍 주시고, 이런 이웃 사랑이 행복 바이러스처럼 번져가게 해 주세요."

나는 요즈음 걸핏하면 이런 기도를 드리고, 누군가를 만나면 이 소식을 전하고 있다.

2008년 5월

빨간 우체통

2007년 4월 11일

뉴스에서 우체통 구조조정이 있다는 보도를 들었다.

퍼스널 컴퓨터 시대에 이메일로 소식을 주고받게 되었고, 심지
이 외국에 나가 있는 친구나 자녀들과 채팅은 물론 화상으로 만남
까지 가능해졌으니 누가 우편을 사용하겠는가. 게다가 거의 온 국
민이 핸드폰을 지니고 거리에서나 버스 안에서나 필요한 이야기
를 주고받으며, 직접 연결이 안 되면 문자로써 의사를 소통할 수
있으니 우체통이 무슨 필요가 있으랴. 우편은 아무리 빨라도 일주
일을 잡아야 저 쪽의 답을 들을 수 있으니 요즘 같은 스피드 시대
에 느림보 우편을 누가 좋아하겠는가?

뉴스에서는 집배원이 우체통에서 편지를 걷어가는 장면을 보여 주었다. 열쇠로 문을 열어 커다란 베주머니를 꺼내보니 편지는 한 두 통 있을까 말까, 양심 없는 사람들이 버린 담배꽁초, 과자껍질 등등이 우르르 나왔다. 그걸 보는 순간 갑자기 가슴이 더워지더니 눈물이 주르르 흘렀다. 우리 시대에는 얼마나 소중한 우체통이었던가. 감사한 마음에 쓰다듬어 주어도 모자랄 우체통에 휴지를 쑤셔 넣다니……

70년대엔가 학교 벽에 부착했던 표어 생각이 났다. 〈슬그머니 버린 휴지, 슬그머니 버린 양심〉. 얼마나 더 교육을 받아야 슬그머니 버려지는 양심이 없어질까. 눈물을 훔치고 있자니 우체통에 얽힌 갖가지 추억이 시공을 초월해 어른거렸다.

우체통이야말로 나에게 많은 추억을 안겨 준 소중한 친구가 아니었던가.

초등학교 3학년 때, 선생님께서 누구에겐가 편지를 쓰라고 하셨다. 나는 대번에 조부님을 떠올렸다. 다섯 살까지 고향인 광양 진월면 차동에 살다가 해방 후 공직에 계신 아버지를 따라 도회지로 나왔기 때문에 고향집과 조부모님의 사랑이 그리웠던 것일까. 무어라고 새살을 떨었는지, 담임선생님이 아주 잘 쓴 글이라며 아이들 앞에서 읽어 주시고, 나에게는 앞으로 문학을 하면 좋겠다고 하셨다. 그 축복의 말이 씨앗이 되어 내 가슴에서 싹이 트고 자라,

나는 정말로 문학인이 되었다.

문학도인 나는 편지 쓰기를 좋아했다. 전주여고에서 광주여고로 전학을 온 나는 보고 싶은 친구들에게 새로운 삶을 편지로 알렸고, 좋은 문학작품을 읽고 나면 독후감을 적어 보내기도 했다.

물론 존경하던 선생님께도 자주 편지를 올렸다. 당시 신지식 선생님의 『하얀 길』이 여학생들 간에 대인기였는데, 나는 용기를 내어 독자로서 작가 선생님께도 편지를 올렸다. 그 인연으로 지금도 선생님과 가끔씩 만나 환담을 나누고 있으니 그 또한 축복이다.

대학에 들어가서는 이효석, 황순원 선생님 작품에 매료되어 나도 그렇게 아름다운 소설을 쓰고 싶다는 꿈을 품었다. 그리고 마침내 소설 비슷한 것을 써서 황순원 선생님께 우송하는 용기도 보였다. 그 용기 덕에 우편으로 지도를 받다가 작가가 되는 행운도 얻었다.

생의 반려를 만나게 된 것도 편지를 통해서였다. 광주에 있는 나에게 한 친구가 서울에서 직장생활을 하고 있는 오빠를 소개해 주어 우리는 일 년 남짓 편지로 사귀다가 마침내 결혼을 한 것이다.

그 시절에는 전화가 귀한 때라 통신의 수단으로 편지처럼 고마운 게 없었다. 그래서 더욱 정성을 들였다. 예컨대 봉투를 손수 만들어 쓴다든지, 글씨를 단정하고 곱게 쓰기 위해 잘 길든 펜촉이나 만년필을 사용한다든지 하면서 말이다.

나는 특히 그에게만은 꼭 내가 만든 봉투를 사용했는데, 그것도 하얀색 종이가 아니라 하늘색 종이로 만든 것이었다. 그래서 그는 내 편지를 '청신(靑信)'이라 불렀고, 나는 그의 하얀색 봉투의 편지를 '은신(銀信)'이라 불렀다. 일 년 남짓 나누었던 편지를 결혼 후 세어보니, 청신이 350통, 은신이 380통. 역시 남자가 조금 더 적극적이었다며 우리는 웃었다.

우표를 미리 사다 놓고, 언제든지 편지를 쓰면 집 근처 빨간 우체통에 퐁당 집어넣었다. 이게 언제쯤 갈까, 제대로 잘 가야 할 텐데…… 어서 가서 답장을 물어 와야 할 텐데……

나에게 설렘과 기다림을 배워준 빨간 우체통! 그러기에 세월이 가도 정답고 고맙게만 보이던 그 우체통이 이제 쓸모없는 존재가 되어 머지않아 사라질 위기에 놓였다.

동네 구석구석에 서 있는 우체통 속의 편지를 수거하러 갔다가 편지는 찾아보기 힘들고 쓰레기만 치워야 하니 그런 인력의 낭비가 어디 있으랴? 그래서 이제 전철역 입구, 버스 정류장 등 사람들이 많이 드나드는 길가로 우체통을 옮기고 나머지는 모두 없앤다고 한다.

모든 것은 세월 따라 변하게 마련이지만 우체통이 사라지다니 허망하고 아쉽기 짝이 없다.

마치 내 몸 한 부분이 떨어져 나가는 것처럼.

2007년 6월

유니파닉스 세계화 선포대회

2009년 11월 25일.

이 날은 대한민국 국민의 한 사람으로서 가슴 벅찬 감동의 날이었다.

세종대왕의 빛나는 동상이 서 있는 광화문 거리의 세종문화회관 세종홀에서 우리의 훈민정음 유니파닉스(UNIPHONICS) 세계화 선포대회가 있었던 날.

이는 유니파닉스 언어 교육 연구소와 한국 퇴직교원 총연합회가 공동으로 주최한 참으로 뜻 깊고 자랑스러운 행사였다.

아직은 많은 사람에게 생소하게 들릴 유니파닉스라는 말을 먼저 소개하기로 하자.

'유니'는 union에서 나온 말로 하나, 즉 단일의 뜻이고, '파닉스

(phonics)'는 발음 중심의 어학 교수법, 즉 철자와 발음의 관계를 지시하는 뜻이니 합해서 '단일 발음기호' 정도로 이해하면 될 듯하다. 결론적으로 말하면 우리 세종대왕께서 제정해 주신 28자의 훈민정음을 세계 모든 언어의 발음을 표기할 수 있는 글로벌 발음기호, 〈유니파닉스〉로 선포하게 된 것이다.

이런 일이 어떻게 이루어졌을까.

한 가지 큰 일이 성사되는 배후에는 모름지기 선한 꿈을 갖고 그 일에 온 열정을 바치는 한 사람의 노력이 있다. 어려운 한문을 배우지 못해 자기 뜻을 펼 수 없는 백성을 측은히 여겨, 세종대왕께서 누구나 쉽게 배울 수 있는 훈민정음을 만들었듯이, 재미 교포한 사람이 영어 발음 때문에 고충을 겪는 많은 사람들을 보고 고민한 끝에 세종대왕의 애민정신을 받들어 훈민정음으로 새로운 발음기호를 연구한 끝에 이토록 멋진 열매를 따게 된 것이다.

그 주인공은 강영채 박사.

그는 1953년 미국유학을 떠나 미시간 주, 메릴랜드 주 등에서 수학하고, 1970년 워싱턴 디시의 Howard Univercity에서 영문학 박사 학위를 취득한 분이다. 그 후 동 대학에서 교편을 잡기도 하고, 인문예술원 수석연구원을 지내다가 현재는 워싱턴 주재 〈킹세종 연구소〉 대표로 활동하고 있다. 그가 유니파닉스를 창안해 낸 것은 반세기 동안의 미국생활과 영문학에 대한 조예가 어우러져 빚어낸 찬란한 결실이라고 하겠다.

그는 이 유니파닉스로 2001년에는 미국 영어사전을 편찬하여 교민사회에 큰 반향을 불러일으켰고, 2002년에는 미국 의회 도서관에 지적 재산등록을 마친 상태라고 하니 얼마나 고맙고 자랑스러운 일인가.

이 일을 더욱 현실화시키는 데 주역을 맡은 곳은 언어교육 연구 전문기업인 〈유니파닉스 언어교육연구소〉다. 이 연구소에서는 2008년부터 국내 교육기관에 외국어 학습 향상을 위하여 유니파닉스를 접목하기 시작했으며 현재까지 다국어 학습 콘텐츠 개발 및 상용화에 박차를 가하고 있다.

일제 강점기를 지난 우리는 너무 오랫동안 짓밟히고 시달려 민족의 자긍심을 가질 수가 없었다. 걸핏하면 서로를 비하하고, 자기 스스로를 비하하면서 열등감에 휩싸여 있있다. 자기노 한국 사람이면서 '한국 사람은 틀렸어'라는 말을 얼마나 자주 썼던가. 외국에 나갔다 온 사람은 더욱 심해서 걸핏하면 '한국은 이래서 틀렸어'라고 비아냥거리기도 했다.

그러나 이제 세상은 달라졌다. 사방에서 한국을 관심 있게 보고, 미풍으로 시작한 한류바람이 어느새 강풍으로 바뀌고 있다. 관광객도 해마다 늘고 있고, 아예 한국에 와서 살고 있는 외국인이 120만 명을 넘었다. 그들은 하루속히 한국에 동화되고자 우선

말부터 배우려고 애쓰고 있다.

최근에는 오바마 대통령이 자기 고향 아프리카에 갔을 때, 한국의 눈부신 경제발전에 대해 이야기하고, 또 지난 11월 한국을 다녀간 후 미국의 모 고등학교에서 한국 부모님들의 교육열을 예찬했다 하니 국가 위상이 높아져도 보통 높아진 것이 아니다.

이러한 때, 우리의 훈민정음을 유니파닉스로 선포한 것은 얼마나 의미 있는 일인가.

그날, 미국에서 일부러 나오신 강영채 박사의 열띤 강의를 들으면서 나는 민족의 자긍심으로 가슴이 뛰었다.

영미권에서는 스펠링과 발음이 똑 같지 않기 때문에 스펠링을 제대로 못 쓰는 사람, 발음을 제대로 못하는 사람이 너무나 많다고. 지식인도 정치인도 교사도 학생도 다 마찬가지라고. 똑 같은 A라도 '아' '어' '애' '에이' 등 여러 개의 발음으로 표기되고 있으니 그 많은 상황 상황을 어떻게 다 정확히 암기할 수 있겠느냐고. 그러기에 자국인도 어려운데, 외국인들이 배워야 하니 그 어려움이 오죽하겠느냐고. 그래서 잘못된 발음 때문에 의사가 엉뚱하게 전달되어 깜짝 놀랄 사태가 벌어지는 일이 비일비재하다고. 그런 실정이니 가장 완벽한 우리 훈민정음이 글로벌 발음기호, 유니파닉스가 되어야 한다고 그는 역설했다.

1993년 한국을 방문한 클린턴 대통령도 강연 중 한국의 기적은 다른 무엇보다 〈훈민정음〉이라고 갈파했지만 한국 사람들은 아직도 그것을 실감하지 못하고 있어 안타깝다고. 사실 세계 역사 상 훌륭한 인물이 많기도 많지만 그들 중에서도 최고의 인물은 세종대왕이라고. 창제동기인 애민정신도 훌륭하지만 모든 언어학자들이 찬사를 아끼지 않는 최고의 문자를 만들어 낸 그 천재성을 따를 사람이 없다고. 자음 모음 28 글자를 기초로 이리저리 전환해서 글자를 만들어 쓸 수 있다고 하신 말씀대로, 영국의 한 언어학자가 이리저리 전환을 시켜 보니 수 억 단위의 계산이 나왔다고. 물론 그 숫자의 발음이 다 쓰이는 것은 아니겠지만 어쨌건 우리 글자로는 7만 개 이상의 발음을 표기할 수 있으니 세계 어느 나라 말도 훈민정음으로는 완벽하게 표기가 된다고.

그는 비근한 예로 유럽 여러 나라 문자에 '으' 모음이 존재하지 않음을 들었다. 자음과 자음이 연결될 때 '으' 모음이 없으면 어떻게 읽을 수 있는가. 그런데도 그것이 문자로 없으니 불완전할 수밖에 없다는 것이다. 한마디로 미국은 다섯 개의 모음 '아 에 이 오 우' 뿐이요 우리는 모음으로 11개나 갖고 있으니 그만큼 세계 각국 언어 표기에 부족함이 없다는 것이다. 게다가 자음은 두 개씩 조합해서 얼마든지 만들어 쓸 수 있으니 말이다.

그는 끝으로 강조했다.

"가장 좋은 훈민정음을 두고 영어 교육에 과잉 투자하는 우리 국민을 보며 너무나 안타깝습니다. 훈민정음이야말로 세종대왕께서 우리에게 주신 최고의 유산이지요. 비유해 보면, 조상이 오토매틱 자동차를 유산으로 주었는데, 그 열쇠를 찾지 못해 아직도 바퀴를 밀며 끌고 가는 형국이지요. 훈민정음이야말로 중동의 석유보다 값비싼 자산입니다. 이것을 제대로 살려 홍익인간이라는 건국이념에 걸맞게 세계로 수출할 때가 왔습니다."

그렇다. 우리나라를 인터넷 강국으로 만든 최고의 문자 훈민정음. 그것을 유니파닉스로 선포하는 것은 너무나 자연스러운 일이다.

이제 우리나라 영어 사전도 유니파닉스 발음기호로 바뀔 날이 머지않았다. 낯익은 훈민정음 발음기호로 보다 빠르고 보다 쉽게 영어를 배울 차세대 어린이들을 생각하니 벌써부터 가슴이 뛴다.

2009년 11월

아주 특별한 생일

　나는 어린 시절부터 누가 생일을 물으면 아주 떳떳하게, 기쁘게 대답하곤 했다.

　그도 그럴 것이 나는 '하늘이 열린 날' 세상 밖으로 나왔으니 어깨를 으쓱대며 자랑할 만도 하지 않는가.

　하느님께서 세상을 창조하신 날은 언제인지 알 수 없으나, 적어도 우리 조상 단군께서는 여름 가기를 기다려 하늘빛이 푸르고 나무들이 열매를 맺는 10월 3일 이른 아침, 조선(朝鮮)의 문을 산뜻하게 열어주신 것이다.

　옛날엔 의술이 좋지 않아 자식을 낳으면 잘못되는 경우도 많아서 바로 신고하지 못한 채 며칠을, 더러는 몇 달을 미루기도 했다고 한다. 그래서 낳은 날과 호적에 등재된 날이 다르기도 하다는데 나는 정확히 개천절 날 태어났다고 한다.

덕분에 해마다 생일이 공휴일이어서 결혼 전에나 결혼 후에 가족과 함께 호사를 누렸다. 아침부터 출근시간에 쫓기지 않아도 좋고, 날씨가 시원해 어제 만들어 둔 음식이 변할 일도 없고, 가족이 모처럼 함께 식사하면서 정담을 나누고 낮엔 다같이 나들이도 하고……

운 좋게 주말이 끼어 연휴가 되는 경우에는 강릉이나 부산으로 가족 여행도 다니며 공휴일이 생일인 것에 모두들 감사하곤 했다.

그렇게 호사를 누리던 나의 생일도 최근엔 상황이 달라졌다.

오랜 교직에서 퇴직한 나는 새천년을 맞아 바오로 딸 통신성서 교육원에 등록을 하고, 성경 공부를 시작했는데, 그 제도가 매월 숙제만 해서 우송하다가 일 년에 한 번씩 2박 3일 연수를 받게 되어 있었다. 그런데 계절이 좋기도 하고, 수강생 중에는 아직 직장인이 많아 결석을 최소화하기 위해서인지, 꼭 10월 3일을 끼워 연수를 하는 것이었다.

그러다 보니 8년 동안을 해마다 연수 장소인 프란치스코 회관에서 생일을 맞았다. 어쩌다 미역국이 나오면 너무 반가워 속으로 '이건 나를 위한 배려다' 하고 웃으며 맛있게 먹곤 했다.

그런데, 금년엔 더욱 특별한 곳에서 생일을 맞게 되었다.

9월 24일부터 10월 5일까지, 151명이라는 거대한 순례단의 일원으로 이집트, 요르단, 이스라엘 성지 순례를 따라 간 것이다.

모세의 탈출에서부터 시작하자고, 이집트의 시나이 산, 요르단의 페트라, 느보 산 등을 거쳐, 마침내 예수님이 태어나고 활동하신 이스라엘로 입성해 예루살렘, 베들레헴, 나자렛 등을 돌며 "주님, 불러주셔서 감사합니다, 감사합니다" 소리만 연발했던 행복했던 시간들!

드디어 10월 2일 저녁 우리가 당도한 곳은 갈릴래아 호숫가 Ron Beach Hotel. 객실에 들어 커튼을 여니 저녁 어스름 속에 바깥 풍경이 한눈에 들어왔다.

"와, 바다다! 아니, 이게 갈릴래아 호수라고? 호수가 아니라 바다네!"

룸메이트 송동래 이사야 씨와 나는 탄성을 질렀다. 세상에, 이렇게 큰 호수였어? 끝도 갓도 보이지 않는 바다였다. 그것도 그지없이 맑고, 푸르고, 잔잔한 바다. 저 어디선가 베드로 사도가 고기를 잡고 있고, 나는 ㄱ 옆에서 ㄱ경을 하고 있는데, 갑자기 예수님이 나타나 '나를 따르라' 하실 것만 같은 이 감격의 장소!

"주님, 감사합니다. 이스라엘까지 불러 주시고, 제자들을 양육하신 갈릴래아 호숫가에서 저를 반겨 주시는 주님, 감사합니다."

설렘으로 잠도 제대로 못 자고 이튿날 어둑한 새벽, 자리에서 일어났다.

"해피 버스 데이 투유!" 내가 나에게 속으로 축하 말을 건네며 감격에 젖었다. 은근히 생일은 어디서 지내나 궁금했더니, 너무나 아름답고 의미 있는 갈릴래아 호숫가에서, 게다가 지금껏 들었던 숙소 중 가장 멋진 호텔에서 생일을 맞다니!

묵주를 들고 아직 어둠이 걷히지 않은 호숫가로 나갔다. 정원처럼 꾸며진 호텔 앞을 지나 호숫가로 나가니 난간도 둘러쳐져 있었다. 그 앞에 서서 묵주를 돌리고 있자니, 차츰 날이 밝는다. 새벽부터 예수님의 감동적 설교를 마음으로 듣는다. 어찌 감사하지 않을 수 있으랴.

아침 식사도 풍성한 호텔 뷔페식이었다. 창가에 앉아 식사를 하는데, 멀리 호숫가를 두르고 있는 '곤란고원' 쪽에서 해오름이 시작되었다. 와, 일출! 태양이 솟고, 그 주위로는 동그라미가 하나 둘 나타난다. 해돋이 구경을 할 때마다 태양 주위로 어김없이 나타나 보이는 저 동그라미들. 나는 그것을 '성체'라고 부른다. 하나 둘 셋 넷 셀 수도 없이 많은 동그라미가 둥둥 함께 떠 하늘을 장식한다. 생일 선물로 더 풍성한 성체까지 내려 주시는 나의 하느님, 찬미와 영광 받으소서.

식사 후, 맨 처음 들른 곳은 호숫가에 아름답게 서 있는 〈참 행복 선언 성당〉이었다.

'팔복 선언 성당'이라고도 불리는 이 성당은 여덟 가지 참 행복에 대한 가르침을 상기시키려는 듯 팔각형 모양의 건축물에 둥근 돔을 얹은 아담하고 아름다운 성당이었다. 안으로 들어서자 한

가운데 제대와 감실이 있고, 신자 석은 팔각형 성당 벽면으로 배치되어 있었다. 제대는 돔과 통해 있었고, 제대 정중앙과 돔 가운데 종탑이 일직선을 이루고 있었으며, 벽면의 창에는 참 행복 내용이 라틴말로 새겨져 있었다. 바닥은 모자이크로 되어 있었는데, 어찌나 섬세한지 꼭 부드러운 카펫을 깔아놓은 것 같았다. 성당 안에서는 절대 침묵! 잠시 장궤하고 주님이 주신 여덟 가지 행복을 더듬더듬 헤아려 보았다.

실내를 나와 아름답게 꾸며진 정원을 따라 호수 쪽으로 내려가니 야외 성당이 있었다. 그 주변에 마침 미사를 드릴 수 있는 공간이 마련되어 있어 시나이 산에서 그랬듯 두 번째로 야외 미사를 드리기로 하였다. 순례 중 매일 요소요소의 현지 성당에서 차동엽 신부님의 주옥같은 강의를 듣고, 미사를 드리고 있는 우리 일행은 얼마나 축복받은 순례단인가.

그 중 갈릴래아 호숫가에서의 미사는 더욱 은혜로웠다. 나는 순례 기간 동안 매일 다른 사람을 위해 미사 예물을 넣었지만, 이 날만은 '나'를 위해 미사 예물을 넣었기에 더더욱.

신부님께서는 여덟 가지 역설적 행복을 쉽게 풀어주시고, 미사 때에는 봉헌 전에 3분간의 침묵의 시간을 주시며 '자신이 얼마나 행복한 사람인지 묵상해 보라'고 하셨다.

눈에 보이는 것은 맑고 파아란 호숫물, 위로 고개를 드니 그 호수만큼 맑고 파아란 하늘. 귀에 들리는 것은 이름 모를 새들의 노랫

소리. 그리고 문득 침묵의 공간을 가르는 바람소리. 그 미풍이 미사포를 쓰고 있는 내 머리카락을 스치고, 옷자락을 스칠 때, 어찌 그리도 감미롭던지, 마치 성령이 내 가슴에 스미는 소리를 듣는 것만 같았다.

주님, 불러주셔서 감사합니다. 죽기 전에 한 번은 오고 싶었던 이스라엘, 그것도 주님의 참 행복 선언이 이루어진 갈릴래아 호숫가에서 '나'를 위한 미사를 드리며 내가 얼마나 행복한가를 묵상하게 되다니, 이 어인 선물입니까? 감사의 눈물이 볼을 적셨다.

자동차에 올라 새벽에 준비해온 석류를 나누어 먹었다. 생일 떡은 못 나누어 먹을망정 작은 거라도 나누고 싶어서, 며칠 전 총무가 단체로 나누어 준 석류를 아꼈다가 새벽 일찍 정성껏 까서 알맹이만 담아 온 것이다. 주변 사람들에게 한 줌씩 건네니 다들 기뻐하였다.

점심 식사는 호숫가에 있는 거대한 식당이었는데, 야채 등은 각자 뷔페식이었고, 메인 요리로 잘 튀긴 '베드로 고기' 한 마리씩이 나왔다. 어른 손바닥만한 제법 큰 고기였는데, 담백한 맛이 아주 좋았다. 베드로 사도가 이 고기를 잡았을까? 사도를 기념하기 위해서 그런 이름을 붙였겠지만 공연히 그분 이름의 고기를 먹는다니 송구스러운 마음도 들었다.

오후엔, 드디어 그날의 하이라이트인 세례 갱신식!

우리는 버스를 타고 요르단 강의 야르데니트 세례 터로 갔다. 세계 각지에서 몰려온 순례객들 틈을 비집고 줄을 서서 기다리다가 흰 가운 하나씩을 받았다. 탈의실이라는 곳으로 들어가니 발 딛을 틈도 없다. 어찌어찌 한 구석에 겨우 서서, 준비해온 옷에 흰 가운을 입고 신발도 벗고, 양말도 벗고 물 속에 들어갈 준비를 했다.

강물 가에는 따가운 햇볕을 피하려 모자를 쓰고, 파라솔을 쓰고 앉아 차례를 기다리는 순례객들로 가득하다. 곧 들어갈 단체인지, 사전 예절을 갖추느라 시끌시끌하다.

우리 일행도 물가에서 간단한 예식을 마치고 차례를 기다렸다. 드디어 앞 그룹이 끝나고, 우리의 인도자 차동엽 신부님이 흰 가운 차림으로 먼저 물 속에 드셨다. 이어서 우리도 줄을 서서 물 속에 들고, 신부님 앞으로 다가갔다. 신부님은 일일이 한 사람씩 두 손으로 머리를 감싸 쥐고 물 속 깊이 담갔다가 꺼내 주셨다. 아이고, 150명이나 세례를 해 주시려면 얼마나 힘이 드실까. 내가 먼저 얼른 앉으리라.

이윽고 풍덩! 차례가 되어 머리까지 온몸을 적시고 나온 나.

주님께서 세례를 받으시고, 또 제자들에게 세례를 베풀어주신 그 요르단 강에서 세례 갱신식을 치르고 보니, 무어라 형언할 수 없는 뜨거움이 느껴졌다. 64년에 실비아라는 이름으로 영세했으니 어느덧 40년이 넘었다. 혹여 신앙심이 식을까 염려되어 나를 다시 부르신 건가?

난 아직까지 권태기는 없었는데? 피식 웃다보니 남은 삶, 선교에 더욱 힘쓰라는 말씀으로 들려왔다.

버스에 오르자 세례 증서가 들어 있는 봉투 하나씩을 나누어 준다. 와, 이런 것까지? 이제 에누리 없이 세속 생일과 영적 생일이 똑 같아졌으니 더욱 의미 있는 문서가 아닌가.

나의 69세 생일잔치는 그렇게 끝났다.

전에도 없었고, 앞으로도 없을, 지순한 행복의 시간, 환상의 잔치로.

하느님, 감사합니다. 찬미와 영광 받으소서.

2008년 10월

나는 누구인가?

나는 전남 광양군 진월면 차사리, 그야말로 산간벽지에서 태어났다. 순흥 안씨, 상(尚)자 선(善)자 아버지와 김해 김씨, 순(順)자 애(愛)자 어머니 사이 1남 4녀 중 막내로.

우리 집안이 순흥 안씨의 본관인 경싱북도 풍기군 순흥면에서 광양으로 옮겨온 것은 4대조 때의 일이라 한다. 슬하에 손자를 못 두고 손녀만 셋을 둔 고조부님께서 터를 옮겨야 손자를 본다는 누군가의 말을 듣고, 아들 내외를 데리고 이주한 땅이 광양이라고.

아닌 게 아니라, 빛나고 양지 바른 광양(光陽), 그 중에서도 산자수려한 차동(車洞)마을은 특별히 정기가 뛰어났던 모양이다. 터를 옮긴 뒤, 우리 할아버지가 태어나셨고, 할아버지는 다시 5남 1녀를 낳아 그 자녀에게서 자그마치 30명이 넘는 손자손녀를 보셨으니 요즘 같으면 대한민국 인구 증가에 크게 기여했다고 표창도 받을 만하지 않는가. 그분께선 방학 때면 우리를 모아 놓고, 고려 말 유학자 '안향 선생님의 27대 손'이니 어디 가서든지 행동거지를 조심하라고 거듭거듭 이르셨다.

한편 고조부님께선 차동 마을이 워낙 살기가 좋으셨던지 다른 형제들까지도 불러 모아 큰 일가를 이루었으므로, 내가 자랄 때는 차동이라는 동네 이름을 따라 '순흥 안씨' 대신 '차동 안씨'라 불리었다.

나는 다섯 살 때까지 솔숲과 대숲과 도랑물 소리가 어우러진 그 차동 마을에서 자랐다. 딸 셋에 아들 하나를 둔 우리 어머니가 나를 낳을 때, 어른들이 잔뜩 아들을 기대하다가 또 딸이 나오자, 혀를 끌끌 차며 쳐다보지도 않았다고 한다. 그러나 차츰 자라면서 모든 이에게 사랑 받는 막내가 되었다고 하니 얼마나 다행인가!

일본에서 공부한 아버지가 해방 직후, 중앙청 인사과장 발령을 받아 상경할 때, 우리 남매는 정든 광양을 떠나 서울로 갔다. 거기서 광주로, 다시 전주로 아버지 전근과 함께 이사를 다녔다. 나는 특히 아버지의 전화 심부름을 잘해 가족들의 귀염을 받으며 행복하게 자랐다. 그러나 누가 내일을 예측할 수 있으랴. 열한 살 때 한국전쟁이 터짐으로써 갑자기 슬픔의 주인공이 되었다. 당시 전주 시장을 지내셨던 아버지가 인민군들에게 학살을 당하자, 그 충격으로 어머니마저 시름시름 앓다가 돌아가시니 열다섯 나이에 고아가 되어 버린 것이다.

나는 갑자기 웃음을 잃고, 오로지 책하고만 친구하는 여고생이 되었다. 탄탄한 보호자 조부님이 계셨고, 언니 오빠가 끔찍이도 사랑해 주었지만 늘 가슴 한 구석이 허허로워 마음 붙일 곳이 책밖에 없었다. 그 덕분에 나의 관심은 종교와 문학으로 기울었다. 고등학교 때부터 예배당으로 원불교당으로 전전하다가, 대학 졸업 후 '실비아'라는 이름으로 다시 태어나 하느님을 아버지로 모시게 된 것도, 비슷한 때 현대문학으로 등단하면서 황순원 선생님을 문학의 아버지로 모시게 된 것도, 모두 그 영혼의 허기 때문이었다.

나는 열아홉 푸른 나이에, 작가가 되고 싶은 소망과 함께 교사가 되고 싶은 소망도 품었다. 그 두 가지 꿈을 이룬 것이 똑같이 천주교에 입교한 이듬해 1965년의 일이다. 긴 신 고통의 터널 끝에 꿈의 성취라는 눈부신 빛의 세계를 마련해 두신 하느님께 어찌 감사하지 않을 수 있으랴. 그뿐인가. 좋은 남자 만나 결혼도 했고, 세 아이의 엄마가 되어 행복도 느껴 보았으니 그 또한 감사한 일.

그러나 오묘하신 하느님께선 30년을 함께한 남편을 거두어가시고, 나를 다시 고독의 상태로 되돌려 놓으셨다. 때를 같이하여 30여 년 내 생활의 첫 순위를 차지하고 나에게 긴장감과 더불어 행복을 선사했던 교단에서도 퇴직하였으니, 모든 것으로부터 벗어나

오롯한 혼자가 되었다. 절대 고독의 상태가 아니고서는 도무지 뜨겁게 만나지 못하는 그분. 나는 다시 참 아버지의 손을 잡고, 효도하는 마음으로 선교에 남은 힘을 보태고 있다. 틈만 나면 클래식음악을 틀어 놓고 영적 독서를 즐기면서.

삶의 궁극적 목적은 무엇일까. 주님이 바라시는 인격체가 되어 본향으로 돌아가는 것?

대한민국 최남단 산간벽지에서 한 송이 작은 풀꽃으로 피어난 나는, 기쁨 슬픔 다 누리고 이제 서서히 귀향할 채비를 하고 있다. 비록 유명 작가가 되지 못해 나를 알아주는 이 없지만 이름 모를 풀꽃에도 향기가 있듯이, 내 글을 통해 누군가의 영혼에 작은 울림이라도 남길 수 있다면 무엇을 더 바라랴.

2008년 9월

미리 써 보는 마지막 편지

사랑하는 루시아, 라파엘, 헬레나 !

2009년 현재 지구상 인구가 68억이라고 들었다.

그 많은 사람 중에서 너희들과 한 가족을 이루게 된 것은 하느님의 특별한 섭리이시겠지?

빠듯한 아빠의 월급으로 병약한 할머니를 모시고 근근이 생활하고 있는데, 연년생으로 너희들이 태어나 이 엄마가 얼마나 힘들었는지 짐작이라도 할 수 있을까? 경제적인 문제도 문제지만 더욱 힘들었던 것은 수면부족. 아아, 정말이지 아무 방해도 받지 않고 한 서너 시간 잠 한번 자 보는 것이 소원이었단다.

그러나 고통 뒤에는 어김없이 기쁨이 찾아오는 법. 너희가 자라면서 하루하루 예쁜 짓이 늘자 나는 행복의 절정에서 뽀뽀 세례를 퍼붓곤 했었지. 너희는 참으로 하느님께서 내게 주신 가장 큰 선물이요 우리 집안의 보물이었다.

그러던 너희들이 차츰 자라면서 사춘기가 되고, 대학생이 되고 이제 불혹의 나이가 되었다. 그렇게 성인이 되어가면서 부모 자식 간의 갈등, 형제간의 갈등, 자기 자신과의 갈등들이 불거져 서로에게 고통도 주었다. 가족은 가장 든든한 울타리이기도 하지만, 어쩔 수 없이 상처도 주고받는 관계라는 생각이 든다. 남 같으면 그냥 스칠 일도 가족이기 때문에, 사랑하기 때문에, 이것저것 간섭하며 마음 다치게 했던 나를 용서해 다오.

돌이켜보면, 결혼 7년 만에 용기를 내어 복직한 일. 그건 어린 너희들에겐 정말 못할 일이었지만, 나에게는 가장 잘한 일이었다. 나는 교사로서 행복했다. 여자들이 시간 관리만 잘하면 가정도 지키고 사회생활도 잘할 수 있다는 것을 몸소 체험했다. 너희도 의사로서, 연구원으로서, 성우로서, 주님께서 주신 탈렌트를 최대한 발휘해 사회에 기여하고 아무리 힘들어도 보람을 느끼며 행복하게 살기를 바란다.

가장 안타까운 일은, 너희들이 사회생활을 시작하면서 드디어 부모에게 효도할 수 있는 때가 되었을 때 아버지가 본향으로 떠나신 것. 그래서 나만 혼자 너희 효도를 독차지하게 된 것. 이것은 정말 두고두고 가슴 아픈 일이었다.

이제 나도 너희들 곁을 떠날 날이 가까워오는구나. 유산은 이미 주었다. 신앙이라는 다이아몬드! 물려주긴 했으나 잘 간수하는 것은 너희 몫이다. 너희가 신앙만 잃지 않는다면 어떠한 악천후에도 선한 열매를 맺게 해 주실 하느님이 함께 계시니 감사해야 한다.

살다 보면 고통의 때는 자주 온다. 그러나 좌절하지 말고, 현실을 긍정적으로 받아들이며 희망 안에 살아라. 비바람이 지난 뒤에는 반드시 무지개가 뜬다는 사실을 굳게 믿고, 모든 것 완전히 주님께 의탁하며 기쁘게 살아다오.

무엇보다 모든 사람과 평화롭게 지내도록 해라. 행복을 위한 충분조건은 부도, 권세도, 명예도 아니요, 서로 믿고 의지하며 정을 나눌 소중한 인간관계다. 한마디 말, 몇 분의 시간, 몇 푼의 금전에서도 약속 잘 지키고, 조금 손해를 보더라도 항상 남을 배려하면서 사람들에게 신뢰를 쌓아라.

그리고 만나는 사람에게 기쁨을 주는 사람이 되어라. 생각은 깊게, 표정은 밝게, 말씨는 곱게! 이 세 가지를 명심하면 가능하리라 본다. 또 상대가 도움을 청하면 최선을 다해 도와주고, 힘이 닿는 것이면 말하기 전에 미리 알아서 도와주어라. 너로 하여 기뻐하는 사람을 보면 너 또한 기쁘지 않겠느냐?

한 가지 말해 두고 싶은 것은, 그동안 너희들이 주는 용돈으로 후원했던 곳이 스무 곳이다. 가능하면 너희들이 나누어 승계하고, 그 중에서 평생회원으로 등록되어 있는 〈초원 장학회〉에는 내가 떠난 뒤 넉넉히 봉헌하기 바란다. 엄마가 반평생을 청소년과 함께 행복하게 살았던 것 기억해다오. 그리고 또 한 군데, 복음 전파의 산실 〈미래사목연구소〉에도 넉넉히 봉헌하고, 후원도 계속하기 바란다. 엄마가 퇴직 후, 차 신부님의 협력자로 하느님 사업에 남은 힘을 보태면서 풍요로운 노년을 보냈던 것 기억해다오.

끝으로 여러 번 말했지만 노파심에서 또 말한다. 내가 많이 아프면 서울 성모병원에 맡겨주고, 목숨 다해 본향으로 돌아가거든 슬퍼하지 말고 축하해 다오. 꼭 알릴 곳만 알려서 간소하게 장례 치르고, 시체는 그곳 '한마음 운동본부'에 기증하여라.

그리고 마지막 호사도 한 번 누리게 해 다오. 영안실에는 성가와 연도소리가 흐르게 하고 간간히 브람스의 '레퀴엠'이나 우리 가곡 '한 송이 풀꽃으로'를 곁들여 귀향하는 나를 환송해 다오. 그 노랫말은 엄마가 자화상처럼 생각하며 직접 쓴 시란다.

사랑하는 루시아, 라파엘, 헬레나!

정말 이승에서 너희를 만나 행복했고, 사랑하는 법을 잘 배우고 간다. 고맙다.

아무쪼록 너희 삼 남매, 서로 돕고 우애하며 행복하게 살기를 바란다.

칠순을 맞은 엄마가

2009년 10월